€ 5,-

9

MEINE GARTEN REZEPTE

«FÜR MEINE ELTERN
UND FÜR FRITZ,
MEIN ERSTES
ENKELKIND.»

CALLWEY

Viktoria von dem Bussche

MEINE GARTEN REZEPTE

Inspirationen einer
leidenschaftlichen Gärtnerin

Fotos von Marion Nickig

INHALT

ANSTELLE EINES VORWORTES

«Rumpite libros, ne corda vestra rumpantur.»
(Durchbrecht das Buchwissen, auf dass euer
Verstand nicht gebrochen werde.)

ALCHEMISTISCHE WEISHEIT

Papaver orientale ‹Patty's Plum› mit dem Gras *Briza media*. Im Hintergrund Bronzefenchel.

«… WAS DER DICHTER MIT WORTEN TUT»

«Der Gärtner tut mit seinen Sträuchern und Stauden, was der Dichter mit Worten tut: er stellt sie so zusammen, dass sie zugleich neu und seltsam scheinen … Das Zusammenstellen oder Auseinanderstellen ist alles: denn ein Strauch oder eine Staude ist für sich allein weder hoch noch niedrig, weder unedel noch edel, weder üppig noch schlank: erst seine Nachbarschaft macht ihn dazu. Dies alles ist ein rechtes ABC, und ich habe Furcht, es könnte trotzdem scheinen, ich rede von raffinierten Dingen.»

HUGO VON HOFMANNSTHAL

Rosen sind allgegenwärtig in den Ippenburger Gärten.

Gärten meiner Kindheit

Meine Kindheit verbrachte ich in dem Garten meiner Mutter und auf den Feldern, Wiesen und Wäldern unseres Landgutes in der Lüneburger Heide.
Ich erinnere mich an jeden Apfelbaum, an jede Biegung des weißen Sandweges, jedes Loch in der Hecke, die den Garten umschloss. Das Zischen des Gänserichs und das Schreien der Puten, die hoch in die Bäume flogen, wenn man vergessen hatte, sie am Abend früh genug in den Stall zu holen, haben sich tief in mein Gedächtnis gegraben. Auch den scharfen, herben Geruch der Tomatenpflanzen und der sommerliche Duft warmer, reifer Augustäpfel ist mir unauslöschlich im Gedächtnis geblieben.
Als ich die Gärten meiner Kindheit verlassen musste, schrieb ich Gedichte. Später studierte ich Malerei und heute bin ich Gärtnerin und koche leidenschaftlich gern.
«... was der Dichter mit Worten tut», der Maler mit Farben und der Koch mit Gewürzen und Aromen, das tut der Gärtner mit seinen Pflanzen. So verwundert es nicht, dass große Maler und Dichter oft leidenschaftliche Gärtner und Köche waren.
Es geht in diesem Buch nicht um «raffinierte Dinge». Es geht nicht um Trends, Moden oder neue Materialien, nicht um Bodenbeläge, Badeteiche oder Sonnensegel. Es geht einzig um die Zusammenstellung von Pflanzen und um das sinnliche Vergnügen, welches dieser kreative, ja geradezu alchemistische Prozess bereitet.
Als ich vor dreißig Jahren mit der Arbeit im Ippenburger Schlossgarten begann, hatte ich nur ein Ziel vor Augen: Die Blumen, die Düfte und die Farben meiner Kindheit sollten rund um dieses riesige, kolossale, steinerne Gebilde neu aus dem Boden wachsen, es verzaubern, umwinden und umschlingen. Kein bescheidener Wunsch, zumal ich seit meinem elften Lebensjahr jedweden «Pflanzenkontakt» gemieden hatte und das jährliche Laubharken im Park meiner Eltern zu den schlimmsten Strafarbeiten zählte.Der Garten meiner Kindheit hatte wie ein Samenkorn tief in meinem Innern geruht.
Es hatte bis zu dem Augenblick der Begegnung mit dem Ippenburger Schloss keinen äußeren Anlass gegeben, der dieses Samenkorn an die Oberfläche geholt hätte, so wie es der Spaten des Gärtners oder der Pflug auf dem Acker tut.
Mein Wunsch, den Garten meiner Kindheit nach Ippenburg zu «verpflanzen», erwies sich schon nach kurzer Zeit als unerreichbar. Die zierliche Akelei, der Klatschmohn, die Löwenmäulchen und Wicken – alles wirkte so klein und verloren, so fremd und deplatziert – und außerdem: Gehörten zu einem Schloss nicht Rosen?

> «Wir aus dem Paradies Vertriebene haben naturgemäß Heimweh danach. Wie alle Entwurzelten sind wir auf der steten Suche nach dem abhandengekommenen Glück. Was läge näher, als es aus eigener Kraft noch einmal herstellen zu wollen.»
>
> ANDRÉ HELLER

Rosen – eine erste Annäherung

Rosen kamen in meiner Kindheit nicht vor. Ob wir welche im Garten hatten? Ich erinnere mich nicht. Kaum anzunehmen, dass sie in dem Heidesand gut gediehen wären.
Also Rosen mussten her. Und zwar rote und weiße, in den Wappenfarben der Familie. Sie hießen ‹Montana› und ‹Virgo›, daran erinnere ich mich noch gut. Und auch daran, dass ich im Frühjahr voller Lust zusah, wie üppig meine im Spätherbst gepflanzten Rosen wuchsen, ja geradezu wucherten! Aber vergebens wartete ich auf Blüten; grüne, wollüstig grüne Triebe schossen aus meinem repräsentativen Rondell empor wie Fontänen! Ich hatte im Herbst die 25 roten und 25 weißen Rosen eigenhändig gepflanzt, nicht wissend, dass man vorher die Wurzeln einkürzen und alles senkrecht in die Erde stecken musste. Die Wurzeln, die ich einfach so in den Boden «gestopft» hatte, wuchsen fröhlich als Wildtriebe he-

Ein Schloss mit zwei Gesichtern. Die Nordseite ist ernst und etwas pompös, die Südseite eher heiter und sonnig mit einem poetischen Blick in die Landschaft.

raus und anstelle eines eleganten, repräsentativen Beetes in Wappenfarben breitete sich nun ein waberndes, wucherndes, amorphes Ungetüm vor der Schlossfassade aus.

«Das Leben unter Pflanzen ist eine große Schule des Schauens. Eine Schule, die ihrem Wesen nach ohne Zwang auskommen muss. Wer Pflanzen zwingen will, entfernt sich von ihnen im allzu schroffen Versuch, sich ihnen zu nähern.»

JULIA KOSPACH

Das war meine erste Erfahrung mit Rosen, vorerst auch meine letzte. Eigentlich mochte ich sie ja gar nicht, besonders die roten waren mir ein Graus. Meinen Traum von Akelei und Klatschmohn hatte ich zwar noch nicht ganz aufgegeben, aber auch er rückte in immer weitere Ferne.

Aller Anfang ist schwer

Rhododendren und Azaleen kamen als nächstes an die Reihe. Wieder in den Wappenfarben rot und weiß. Wuchtige Rhododendren unter hohen Bäumen sah ich vor meinem inneren Auge, so wie ich sie auf dem westfälischen Gut meines Vaters erlebt hatte, wo ich einen Teil meiner Kindheit verbrachte.

Eine Kombination ganz nach meinem Geschmack: Margeriten, Mohn und kurz danach Mengen von Rittersporn, der hier aber noch nicht blüht.

Doch schon nach einem Jahr sahen die Rhododendren leider ziemlich erbärmlich aus, da der Ippenburger Boden sehr kalkhaltig ist und die alten Parkbäume im Sommer das ganze Wasser aus der Erde ziehen. Auch die Idee mit den Wappenfarben erwies sich als Illusion, da die Sorten nicht gleichzeitig, sondern exakt nacheinander blühten, sodass der rot blühende den unattraktiven braunen Überresten des weiß blühenden Rhododendrons gegenüberstand.
Als ich dann doch endlich ein Staudenbeet mit Klatschmohn, Iris und Akelei angelegt hatte, bissen sich die Farben des feurig roten Mohns mit dem Rot des Rhododendrons so teuflisch, dass dieser weichen musste und, gemeinsam mit dem weißen, für immer in die Parkwiesen verbannt wurde, an deren feuchten Waldrändern er prächtig gedieh und wo er bis heute geblieben ist.
Die ersten Gartenjahre waren also von einem ständigen Wandel geprägt. Beete wurden angelegt und verschwanden wieder. Pflanzen wanderten von Ort zu Ort; es wollte nie so recht passen, vergleichbar mit einem Teenager vor dem Kleiderschrank, der alles zehnmal probiert und doch am Ende nichts Passendes findet.

«Am Anfang ist ein Garten nicht mehr als ein Raum voller Ideen und Träume. Eine diffuse Sehnsucht nach Farben, Gerüchen, Blüten und Mustern. Um dieses Traumbild legt sich mit der Zeit der Rahmen des Möglichen.»

JULIA KOSPACH

Für meine vier Kinder, den Kochtopf und zur Stärkung meiner Nerven hatte ich in den alten Mauern des ehemaligen Obstgartens einen Gemüsegarten angelegt. Dort gab es alles, was wuchs. Kartoffeln habe ich mit Kapuzinerkresse, Minze und Kümmel in einem Beet angebaut und sie schmeckten vorzüglich. Erdbeeren erreichten die Küche nie, es waren immer viel zu wenig und sie wurden gleich im Garten verspeist.
Jedes Kind hatte ein eigenes Beet mit Radieschen, Möhren und Salat. Aus den sauber gezogenen, geharkten Reihen wuchs in kurzer Zeit das typische Chaos aus Franzosenkraut, Melde und Klettenlabkraut mit einem geringen Anteil der ausgesäten Gemüse heran. So hatte es schon in den Kinderbeeten im Garten meiner Mutter ausgesehen und genauso wird es auch in den Beeten meiner Enkelkinder aussehen – allerdings mit dem Unterschied, dass ich inzwischen viele fleißige Helfer habe, die meine sechs Hektar große Gartenfläche pflegen und für die die Pflege des Küchengartens Entspannung und Vergnügen bedeutet.
In diesem ummauerten Küchengarten zog ich auch meine ersten Stauden aus Samen heran: Rittersporn, Akelei, Frauenmantel, Veronika, *Achillea* und vieles mehr. Da der Obstgarten 300 Jahre ununterbrochen als Küchengarten genutzt wurde, hat er eine sandige Humusschicht von über 80 cm und es wächst einfach alles dort – vorausgesetzt es gibt genügend Niederschlag. Da ich aber das Wasser für die Bewässerung aus der Schlossgräfte hole, verfüge ich über schier unerschöpfliche Vorräte und entsprechend üppig und prächtig gedeihen Obst, Gemüse, Kräuter und Stauden.
Durch meine kleine, aber erfolgreiche Staudenanzucht hatte ich jeweils im Herbst große Mengen kräftiger Pflanzen, die darauf warteten, den Weg in die ihnen zugewiesenen Beete anzutreten. Schubkarrenweise wurden sie auf immer neu entstehende Rabatten und Rondelle verteilt. In jedem Jahr entstanden vier oder fünf neue Beete – meine Familie sprach schon vom «horror vacui», der von mir Besitz ergriffen hätte.

«Und ich denke, man darf sich den leidenschaftlichen Gärtner tatsächlich als glücklichen Menschen vorstellen; zumindest für die Zeit, die er in seinem Garten und mit den Gedanken an diesen verbringt.»

JULIA KOSPACH

Eine Leidenschaft erwacht

Als durch eine glückliche Fügung das alte, zerfallene Glashaus wieder instand gesetzt wurde, war gar kein Halten mehr. Nun begann ich bereits im Februar mit der Aussaat. Die Beete quollen über, die Lust war grenzenlos und es fand sich immer noch ein neues Plätzchen für ein neues Beet.

Das Glashaus und der ummauerte Garten glichen nun einer Alchemistenküche. Eigenes Saatgut aus Rittersporn, *Helenium* und Lupinenmischungen wurde ausgesät, Stecklinge von Rosen, Phlox und *Buddleia* gezogen; Pflanzen, die es auf dem deutschen Markt gar nicht zu kaufen gibt, wie *Lobelia tupa* oder *Melianthus*, wuchsen prächtig heran. Das Glück an diesem ruhigen Ort, geschützt von den 300 Jahre alten Mauern, zwischen Weinranken, Flieder, Holunder und alten Obstbäumen war schier grenzenlos. Die Bilder meiner Kindheit – jetzt waren sie zurückgekehrt, anders als geplant, aber umso überraschender und schöner.

Inzwischen hatte mich auch die Rosenleidenschaft gepackt. Der Durchbruch war das «Fest der Rose», das ich 2002 in Ippenburg veranstaltete und das mir auf einen Schlag 4.000 Rosen fast aller renommierten europäischen Rosenzüchter bescherte.

Rosen kann man nur fürchten, hassen oder leidenschaftlich lieben, eine laue Beziehung duldet diese «Königin der Blumen» nicht. Wer aber einmal von der Rosenliebe ergriffen ist, der ist nicht mehr zu retten. Tausend Gesichter hat die Rose, man möchte sie alle kennen. Tausend Farben und Schattierungen, und erst der Duft!

Die Rose ist anspruchsvoll, und sie fordert uns heraus. Sie überwältigt uns, wenn sie im Frühjahr mit kräftigen Trieben aus der Erde schießt, sie treibt uns zur Verzweiflung, wenn sie kümmert. Sie macht uns glücklich, wenn sie blüht und duftet, sie macht uns traurig, wenn sie kränkelt, und sie zwingt uns alljährlich, ihre Triebe zurückzuschneiden, obwohl wir wünschten, dass sie zum Himmel wüchse. Die Rose ist eine Diva. Sie macht unendlich viel Arbeit, sie ist schrecklich kapriziös, sie belohnt den, der sie richtig und gut behandelt, und straft den, der es nicht tut.

Jetzt habe ich in Ippenburg über 7.000 Rosen, und ein Ende ist nicht abzusehen. Dazu Tausende Stauden und Sommerblumen, Gräser, Sträucher und Bäume. Ein Garten ist nie fertig. Er lebt und verändert sich ständig, und Leben ist Veränderung.

Das Gewächshaus ist die Keimzelle der wachsenden Gartenleidenschaft. Von hier aus breitet sich das «grüneVirus» aus und erfasst den ganzen Garten. Große, freie Flächen fordern einfach zum Handeln auf. Dem verlockenden Anblick dieser «tabula rasa» konnte ich nicht widerstehen.

Aller Anfang ist leicht

Bevor ich den Ippenburger Schlossgarten übernahm, hatte ich das Glück, zwei Jahre lang in einem alten Pächterhaus wohnen zu dürfen. Es lag inmitten einer Wiese, am Rande eines Wäldchens, nicht weit vom Schloss entfernt. Der umgebende Garten war mit dem üblichen Rasen- und Dauergrüngemisch ausgestattet, wovon ich mich kurz entschlossen ohne schlechtes Gewissen befreite. Als nächstes prüfte ich, welche Teile des Gartens sonnig, halbschattig oder schattig waren, verlegte den Küchengarten in den sonnigen Teil des Gartens und teilte den Rest nach Lust und Laune auf. Anschließend kaufte ich eine große Menge Samentütchen mit Wicken-, Sonnenblumen-, Levkojen-, Löwenmäulchen-, Salat-, Radieschen- und allerlei Gemüsesamen und säte alles in sauber gezogene Reihen. Als Beeteinfassung wählte ich Wicken, die ich an Kaninchendraht emporwinden ließ, und rund um das Haus setzte ich Knöterich.

Die Wicken wanden sich fröhlich um den Draht, der Salat schoss, das Unkraut ebenso und der Knöterich überwucherte in kurzer Zeit das ganze Haus. Noch heute wird es «Villa Knöterich» genannt, obwohl die Nachmieter längst «seriösere» Rankgewächse an seine Stelle gesetzt haben.

Wer einen unbebauten Garten vorfindet, in dem er frei entscheiden und gestalten kann, der stelle sich zunächst die wichtigste, alles entscheidende Frage: Wie viel Zeit möchte und kann ich mit der Arbeit im Garten verbringen? Entspanne ich mich bei der Gartenarbeit oder doch lieber mit einem Buch in der Hängematte? Es gibt ihn einfach nicht, diesen viel gepriesenen Garten für Faule! Ein ungepflegter Garten sieht nicht nur unschön aus, er verursacht auch ein schlechtes Gewissen und kann dadurch zur Dauerbelastung werden. Eine Alternative zum Garten ist die Grünfläche. Nehmen Sie bei der Entscheidung bitte keine Rücksicht auf Trends oder Moden. Folgen Sie einfach Ihrem Herzen!

Mein Tipp für Sie:

Beginnen Sie mit Ihren Lieblingsblumen! Gestalten Sie zunächst einen kleinen Teil des Gartens und schauen sich dann den Rest der Fläche erst einmal in Ruhe an.

Der «Garten des Bahnwärters» mit einer Figur von Christel Lechner, ein Beitrag zum Ippenburger Festival «Küchengärten – Träume und Utopien». Gärten müssen Sehnsucht wecken nach dieser «eigenen, kleinen Welt».

Auf dem Boden der Tatsachen bleiben

Ein schöner Garten ist das gelungene Zusammenspiel von Boden, Nahrung, Wasser, Licht und Pflanze. Mit der Vorbereitung des Bodens fängt alles an. Wer einen durch Bauarbeiten verdichteten Boden vorfindet, hat zwei Möglichkeiten: Er kann die obere Schicht des Bodens abtragen, den Unterboden pflügen oder fräsen, Verdichtungen entfernen und eine Schicht von mindestens 40 cm guten Mutterboden aufbringen. Wer das nicht finanzieren kann und möchte, untersucht den vorhandenen Boden, bearbeitet ihn mit Pflug oder Fräse und bringt anschließend einen geeigneten Gründünger auf, der in den Wintermonaten abfriert und im Frühjahr eingearbeitet wird.
Der Boden wird durch Frosteinwirkung gelockert, der Gründünger bildet eine erste Humusschicht und es bleibt genügend Zeit, die Licht- und Wasserverhältnisse des zukünftigen Gartens zu studieren.
Wege, Terrassen, Badeteiche oder andere Elemente sollten, sofern bereits Klarheit über die gestalterische Grundstruktur herrscht, direkt eingebaut werden, weil sie einen Eingriff in die Bodenstruktur darstellen und erneut zu Verdichtungen führen können. Wenn Sie sich noch nicht entscheiden wollen, in welchem Stil Sie Ihren zukünftigen Garten anlegen möchten, sollten Sie sich Zeit lassen, dem Geist des Ortes, dem «genius loci», auf die Spur zu kommen. Bücher oder fachlicher Rat sind dabei ebenso hilfreich wie der Besuch anderer Gärten und das Notieren und Fotografieren von Pflanzenzusammenstellungen und gestalterischen Elementen.
Wer in einer Gegend mit geringem Niederschlag lebt, sollte entweder für ausreichende Wasservorräte sorgen oder die Pflanzen entsprechend auswählen. Trokkenheitsverträgliche Sonnenanbeter gibt es in schönster Sortierung. Das Gießen mit Leitungswasser ist ein Tabu. Sammeln Sie lieber Wasser in einer Regentonne oder, falls möglich, legen Sie eine Zisterne an.

Mein Tipp für Sie:

Fotografieren Sie Ihren Garten von allen Seiten und aus der Vogelperspektive. Kopieren Sie die Fotos auf Zeichenpapier und schreiben Sie dann Ihre Pflanzideen hinein.

«Isn't it magic?» Der Garten des Landschaftsarchitekten Ulrich Timm als Beitrag zum Ippenburger Festival 2006: «Märchen, Mythos und Magie». Der graue Blauschwingel *(Festuca cinerea)* passt sehr gut zu den blauen Glassteinen.

Erlaubt ist, was gefällt!

Lieben Sie Zinnien? Oder Dahlien? Rhododendren, Kamelien oder Hortensien? Was ist Ihre Lieblingsfarbe? Ihr Lieblingsduft? Vielleicht wünschen Sie sich einen Wildblumengarten oder träumen von einer Blumenwiese? Es ist Ihr Garten. Sie dürfen darin tun und lassen, was Sie wollen. Sie können ihn auch betonieren, wenn Sie wollen. Sie können ihn unter Wasser setzen, Sie können ihn in eine Steinlandschaft nach japanischem Vorbild oder in ein Blumenmeer im Stil der Maler Monet oder Nolde verwandeln. Diese schöpferische Freiheit, die der Garten uns gewährt, ist die Hauptursache für das Glücksgefühl, das die Beschäftigung mit dem Garten hervorruft.

Kreativität ist ein elementarer Bestandteil des Menschen, so wie essen, trinken, gehen und schlafen. Leider unterdrücken wir diese Kraft und das Bedürfnis oft schon in unseren Kindern – und uns selbst gestehen wir sie nicht zu aus Gründen scheinbarer Vernunft. Doch die frohe Botschaft ist: Kreativität und Sinnlichkeit können im Garten wieder wachsen und aufblühen, auch wenn sie bereits als verschüttet galten.

Ein Gärtner ist nur sich selbst verpflichtet – und seinem Garten. Wenn der Gärtner seinen Garten liebt und in innerer und äußerer Harmonie mit ihm lebt, dann ist dieser Garten ganz von allein schön und taugt sogar als «Vorgarten», diesem Gartentypus, der sich stilbildend auf alle Gärten ausgeweitet hat und ein gar nicht zu überschätzendes Gefahrenpotenzial bildet. Folgt der Gärtner seiner inneren Stimme und pflanzt er, was ihm gefällt und nicht, was der Nachbar auch hat, was der Baumarkt anbietet oder was gerade modern und «trendy» ist, dann erblüht der Garten unter seinen Händen, dann ist der Garten beseelt und deshalb schön.

«Erlaubt ist, was sich ziemt», denkt der Furchtsame. «Erlaubt ist, was gefällt», ist das Gebot der Stunde!

Mein Tipp für Sie:

Haben Sie einen Traumgarten? Freude und Vergnügen sind im Garten oberstes Gesetz. Der Garten ist der einzige Ort auf Erden, der absolute Freiheit gewährt.

Eine einfache Blechhütte, ein alter Stuhl, ein Ölfass als Blumentopf – und darin eine feuerrote Geranie. Die Utopie des «My home is my castle», unter welchen Bedingungen auch immer. Das Glück, nach dem eigenen Geschmack leben zu dürfen.

STAYBELITE
RESIN

Unbefugten ist das Betreten
dieser Anlage
bergamtlich verboten

Ideen pflücken

«Pflücke deine Ideen», forderte Jean-Paul Pigeat, Initiator des «Festival des Jardins» in Chaumont sur Loire. Chaumont ist unbestritten das innovativste, risikofreudigste und unkonventionellste Gartenfestival in ganz Europa.
Der weitere Höhepunkt des Gartenjahres ist jedoch die «Chelsea Flower Show» in London, das Mekka für alle wirklich obsessiven Pflanzenliebhaber. Hier kann man Schaugärten bewundern, die an Perfektion nicht zu überbieten sind. Kleine «Cottages», umgeben von Holunder, Brennnesseln, Margeriten und Mohn vermitteln die Illusion, dass sie seit Jahren dort existieren. Blumenwiesen, Waldlichtungen, dichte Hecken, berankte und mit Moos bedeckte Mauern, verstaubte Fensterscheiben – es gibt nichts, was nicht täuschend echt wirkte. Chelsea ist Kult. Es ist die perfekt inszenierte Utopie.
In einem großen Zelt, dem berühmten «Marqueé», zeigen Züchter in fantasievollen Schaubildern vom Schneeglöckchen bis zur Dahlie alles, was in der Natur und im Garten zwischen Februar und November anzutreffen ist. Weltneuheiten, Raritäten und Sensationen werden im Wettstreit um die Goldmedaille für die schönste Gestaltung oder die beste Neuzüchtung in oft skurrilen Inszenierungen präsentiert. Gärtner, Züchter und Gartendesigner, Journalisten, Sponsoren und «Royals» werden gefeiert und feiern sich selbst. Am letzten Tag, wenn um 17 Uhr «the bell rings», beginnt plötzlich die ganze Halle zu wanken. Riesige Rittersporne «wandern» durch die Gänge, kunstvolle Gestecke werden auseinandergerissen, liebevoll inszenierte Pflanzenbilder zerstört: Es darf gekauft werden! Die sprichwörtlich höfliche Distanz des Engländers weicht hier einer grünen Raserei, die niemand für möglich hält, der sie nicht selbst erlebt hat.

Mein Tipp für Sie:

Neben Gartenschauen und Festivals sollten Sie unbedingt in regelmäßigen Abständen gute Staudengärtnereien aufsuchen, einfach um zu sehen, was blüht! In Holland gibt es außerdem hervorragende Ausstellungen von Mustergärten, eine der besten ist ohne Zweifel in Appeltern.

Links Oben: Die Fischerhütte, inspiriert von dem Märchen «Der Fischer und seine Frau». Aus: «Cabinfever und Datschenglück». Die Figuren stammen von Christel Lechner.

Links Unten: Ein altes Auto als Gewächshaus, dahinter die «Kanadische Holzfällerhütte» und der «Garten des Bahnwärters».

Gartenbilder

«Das unmittelbare Anschauen der Dinge ist
mir alles, Worte sind mir weniger als je ...»

J. W. v. GOETHE

Wer den weiten Weg scheut, kann die zahlreichen Gartenfestivals und Gartenschauen in Deutschland und den Niederlanden besuchen, die öffentlichen Parks und Sichtungsgärten, die «Offenen Gartenpforten», Gartenrouten, die Baumschulen und Staudengärtnereien.
Durch die Digitalfotografie ist das Sammeln von Ideen sehr viel leichter und effektiver geworden. Sowohl die Pflanze als auch der dazugehörige Name können fotografisch festgehalten und im Computer in verschiedenen Kombinationen in Ordnern zusammengefasst werden. Wer noch nicht über eine Digitalkamera verfügt, sammelt die Fotos in Alben, das ist sehr viel poetischer und inspirierender, allerdings auch teurer und umständlicher. Ich habe viele dieser Alben aus meiner «prädigitalen Phase», die ich erst kürzlich beendet habe. Es macht mir immer wieder Spaß, für ein paar Stunden durch «Chelsea zu wandern» oder «die Floriade zu besichtigen».
Auf der Suche nach weiteren Pflanzenkombinationen kann man dann Gartenbücher durchstreifen, um im Anschluss die gewünschten Pflanzen in Rosen-, Stauden- oder Baumschulkatalogen nachzusuchen. Es bereitet mir immer ein unendliches Vergnügen, ein ganzes Beet auf diese Weise virtuell zusammenzustellen. Tage und Nächte kann ich mit der Erstellung der Pflanzliste verbringen; sie wächst und wächst, auf dem Boden stapeln sich Bücher und Kataloge und vor meinem inneren Auge schwirren schon die Schmetterlinge, Hummeln und Schwebfliegen durch mein Beet. Viele dieser Beete kommen über das virtuelle Stadium nicht hinaus, weil entweder der Platz dafür nicht ausreicht, die Pflanzen zu teuer sind oder aber ein neuer Plan das Vorhaben durchkreuzt. Die fertigen Pflanzlisten warten derweil geduldig in ihren Ordnern, um eines Tages «das Licht der Welt zu erblicken».

Oben: «Duft und Wasser», einer der vier Gärten, die unter dem Motto «Prêt à porter» – «Vier kleine Gärten am Wasser» am Ostufer des Schlossgrabens im Jahr 2006 entstanden.

Unten: «Der Garten in den Wolken» von Christopher Bradley-Hole, Ippenburg Festival 2004 – ein Garten, der einem das Gefühl gibt, über den Dächern von Manhattan zu schweben.

Mein Tipp für Sie:

Speichern Sie Ihre Fotos sortiert nach Motiven im Computer in verschiedene Ordner , z. B. Wasser, Steine, Hecken, Brükken usw. Diese Ordner wachsen im Lauf der Jahre zu einem Füllhorn neuer Ideen heran.

Wie ein Blumenstrauß

Beete sollen lebende Blumensträuße sein, der Boden eine große, breite Vase! Ich liebe es malerisch, impressionistisch, zufällig und doch in scheinbar natürlicher Ordnung. Als Vorlage für neue Beete dienen mir Sträuße, die ich aus der Vielfalt meiner Gärten zusammenstelle. Ein großer Vorteil dieser Methode ist die Sicherheit, zeitgleich blühende Pflanzen zu haben. Für die Planung eines Beetes, das zu allen vier Jahreszeiten blühen soll, ist es also hilfreich, Sträuße zu verschiedenen Zeitpunkten zu pflücken und diese zu fotografieren.

Nehmen Sie die Fotografien der Sträuße bei einem Besuch von Gartenschauen oder Staudengärtnereien mit, um sicher zu sein, dass Ihre Neuentdeckung auch wirklich zum «Beet» passt. Ein gewisses Risiko besteht in der ungenauen Farbwiedergabe eines Fotos, aber oft führen kleine Pannen zu den schönsten Ergebnissen.

Wer noch keine genaue Vorstellung von einem neuen Beet hat, kann in einer Staudengärtnerei die gewünschten Sorten aussuchen, in Kisten nebeneinander anordnen, nach fachlichem Rat zu Standort und Bedürfnissen der Pflanze jeweils eine blühende Pflanze im 9er- oder 11er-Topf kaufen und diese dann im eigenen Garten dicht nebeneinander auspflanzen. Diese Pflanzen können Sie fotografieren, sie im Lauf der Jahreszeiten beobachten und so ihre Eigenarten, Schwächen und Stärken kennenlernen. Beginnen Sie im Frühling mit der Auswahl der Pflanzen, können Sie im Herbst das Beet realisieren, indem Sie die bereits gekauften Pflanzen an Ort und Stelle setzen und mit der für die Größe der Fläche benötigten Menge ergänzen.

Auf diese Weise können Sie nicht nur die Farben der Blüten miteinander vergleichen, sondern auch die Struktur der Blätter und den Charakter der Pflanzen, deren harmonisches Zusammenspiel eine wichtige Voraussetzung für das Gelingen eines Beetes ist.

Mein Tipp für Sie:

Nehmen Sie auf Reisen immer einen Notizblock mit und notieren Sie alles, was Ihnen gefällt. Eindrücke, Inspirationen und Ideen sind flüchtig. Hält man sie nicht fest, «fliegen» sie davon.

Pflanzen werden in Sträußen zusammengestellt, fotografiert und kommentiert. Hier ein Ausschnitt einer Kombination für ein «Purpurbeet»: Rose ‹Cardinal Hume› von Robert Harkness, Monarda ‹Gewitterwolke›, Phlox ‹Prospero›.

Der Garten im Kopf

«Niemand kann uns sagen, wie unser Garten aussieht. Darum müssen wir lernen auf die inneren Sehnsuchtsstimmen zu hören und ihnen zu folgen, um unser eigenes Wesen zu entdecken und auszudrücken.»

RALF SARTORI

Wo haben Sie Ihre Kindheit verbracht? In der Stadt oder auf dem Land? Am Meer oder in den Bergen? Gab es Wälder, Wiesen, Bäche, Felsen oder Schluchten? An welche Pflanzen erinnern Sie sich; haben Sie den Duft von frischem Heu geatmet, die Kälte des Kartoffelkellers gefürchtet, Kiefernharz gerochen oder den feuchten Waldboden auf der Suche nach Pfifferlingen gespürt? An welches Bild erinnern Sie sich? Vielleicht an das Gartenhaus der Großmutter, die Schreberhütte in der Gartenkolonie oder auch nur an die Balkonkästen mit den feuerroten Geranien, den Tomatenpflanzen, Kräutern und Tagetes? Versuchen Sie den Blick nach innen zu richten und fangen Sie einfach mit dem Bild an, das Ihnen auf dieser Reise in die Vergangenheit als Erstes begegnet. Wenn es die Datsche in der Schreberkolonie ist, dann bauen Sie eine Hütte. Aber keine Fertighütte. Nein, suchen Sie das Holz selbst aus, schauen Sie sich Bücher von Hütten an oder suchen Sie nach einer alten Hütte, die schon eigenes Leben mitbringt. Dann folgt das Beet vor der Hütte, dann die Blumen, der Baum, vielleicht der Teich.
Vielleicht wachsen in Ihrem inneren Garten ganz besondere Pflanzen, hohe, rauschende Gräser, ein Lindenbaum, in dem einst Ihre Schaukel hing, die Sonnenblumen am Zaun – beginnen Sie damit. Wenn es Rosen sind, pflanzen Sie Rosen, ist es ein Birnbaum, so pflanzen Sie einen Birnbaum. Ich trage zum Beispiel seit einigen Jahren die Bilder von Tschechows «Kirschgarten» im Kopf herum, es drängt mich, seitdem ich die Novelle las, einen solchen Kirschgarten anzulegen. Mein innerer Garten gleicht einer Blumenwiese und einer Waldlichtung, die Pflanzen meines inneren Gartens sind Akelei, Mohn, Birken, Fingerhut und wehende Gräser. Wenn es Ihnen gelingt, Ihrem «Garten im Kopf» Gestalt zu geben,dann sind Sie ein glücklicher Gärtner.

Mein Tipp für Sie:

Stöbern Sie auf Festivals nach Gartenantiquitäten und historischen Baustoffen! Eine schönere Quelle der Inspiration gibt es nicht. Gartenantiquitäten sind geheimnisvoll und poetisch.

Weißer Fingerhut vor weißen Birkenstämmen und ein paar Margeriten. Der «Garten in meinem Kopf» ist geprägt von den grasigen, sonnendurchfluteten Waldlichtungen meiner Kindheit.

Blumengesichter

«Gartenblumen», wie man sie verteidigend nennt, sind die wilden Blumen anderer Länder, kultiviert, und in der Kultur zwar sehr verändert, aber immer noch ihren wilden Formen und deren landschaftscharakteristischer Umgebung eng blutsverwandt.»

R. BORCHARDT

Keine Angst, es folgt kein Vortrag über die Seele der Erbse. Auch über die Gespräche mit meinen Blumen werde ich nicht berichten, und ein Plädoyer für die Erhaltung der sogenannten heimischen Flora werde ich auch nicht halten. Obwohl ich diese respektiere, ziehe ich es doch vor, «Gäste» aus der ganzen Welt in meinen Garten zu bitten. Wir sollten aber wissen, woher diese «Gäste» stammen. Wir sollten Sie nicht wahllos als «Werkstoff» gebrauchen, sie nicht nur unter dem Aspekt der Farbe einsetzen und unseren Garten wie mit einem dicken Pinsel «anstreichen». Schönheit entsteht durch Harmonie. Durch die genaue Betrachtung des Erscheinungsbildes, der Bedürfnisse und der Herkunft der Pflanzen können wir diese Harmonie erzielen. Das klingt nach harter Arbeit, nach mühsamen Studien vor verstaubten Bücherregalen.

Zum Glück können wir hier auf eine lange Tradition und auf gründlich erprobte Methoden der Pflanzenverwendung zurückgreifen, denn bereits vor mehr als 250 Jahren, in dem großen Jahrhundert der Pflanzensammler und Entdecker, breitete sich ein wahres «Pflanzenfieber» über ganz Europa aus und veränderte die europäische Gartenlandschaft nachhaltig. «Wer Reseda (Nordafrika) und Ranunkeln (Kleinasien), Sommerastern (China) und *Hemerocallis* (Japan), Sommerphlox (Südtexas) und Strohblumen (Australien), Gladiolen (Kap) und Zinnien (Mexiko), Balsaminen (Ostindien), Dahlien (Chimborazo), Verbenen (Argentinien) und Sonnenblumen (Peru) zusammenpflanzt, hat einem gewöhnlichen Gärtchen unwissentlich bereits Gewächse aller Breiten und Erdteile einverleibt.» (R. Borchardt)

Mein Tipp für Sie:

Verfolgen Sie einmal die weiten Wege, die die Pflanzen vor Jahrhunderten zurücklegten – Sie werden dabei sogar auf «Captain Bligh» und die «Meuterei auf der Bounty» stoßen!

Die Ringelblume *(Calendula)* gehört zu meinen Lieblingsblumen. Schade, dass sie in vielen Gärten keinen Zutritt hat!

Dicht genug pflanzen!

Der Deutsche neigt zur Gründlichkeit. Der vorgeschriebene Pflanzabstand wird ordnungsgemäß eingehalten. Mit drei Kisten voller Pflanzen kehrt er hoch befriedigt aus dem Gartenmarkt zurück, vor dem geistigen Auge sein blühendes Beet. Die Größe des Beetes mit der Menge der Pflanzen vergleichend stellt er daheim fest, dass etwas nicht stimmt. Es sind viel zu wenig Pflanzen. Aber was im Gartenkatalog schwarz auf weiß geschrieben steht, ist richtig – und deshalb wird es auch so gemacht!

Einzelne, zarte Stiele mit traurigen Blüten stehen einsam in ihrem Quartier, dazwischen nackter Boden, aus dem Melde, Winde und Franzosenkraut sprießen. Der frisch aufgetragene Mutterboden ist nach dem ersten Gießen in sich zusammengesackt, die Wurzelballen der neuen Pflanzen ragen ein paar Zentimeter heraus und sind der Sonne schutzlos ausgesetzt. Das Unkraut wächst, während das Wachstum der Stauden stagniert. Hackschnitzel müssen her, direkt vom Sägewerk, da ist es günstiger. Gleichmäßig werden sie über das Beet verteilt. Die gelben Hackschnitzel sehen schrecklich aus und passen so gar nicht zu dem magentafarbenen Phlox. Auch die anderen Farben harmonieren nicht so recht – wie denn auch? Nacktes Holz kommt in der Natur so nicht vor. Und noch etwas: Die Holzschnitzel halten zwar das Unkraut zurück, aber die Gerbstoffe sorgen auch dafür, dass sich die zarten Kulturpflänzchen nach und nach verabschieden.

Ich pflanze immer die dreifache Menge der angegebenen Pflanzen pro Quadratmeter. Katzenminze, Frauenmantel oder Storchenschnabel dienen als Platzhalter und werden entfernt, wenn die neuen Pflanzen mehr Platz beanspruchen. Wenn ich Mulch aufbringe, was bei neuen Beeten notwendig ist, verwende ich erprobtes Material vom Fachhandel, das durch seine dunkle Farbe kaum stört, von den Pflanzen gut vertragen wird, die Feuchtigkeit im Boden hält und gleichzeitig die Humusbildung fördert.

Mein Tipp für Sie:

Pflanzen Sie so, wie Sie sich kleiden. Nicht drei Nummern zu groß! Lieber ein kleines Beet dicht bepflanzt, als ein großes Beet mit klaffenden Löchern und wucherndem Unkraut.

Oben: Frauenmantel ist der treueste Begleiter von Rosen!

Unten: Der Juni ist der schönste Monat! Leider ist der Mohn schon verblüht!

WAS IST EIN GARTEN OHNE BLUMEN?

«Den Kontakt mit Blumen zu verlieren (...) ist die schlimmste Form der Vereinsamung.»

ALBERT CAMUS

Der attraktive Seidenmohn *(Papaver rhoeas)*.

Mazedonische Witwenblume (Knautia macedonica), Beifuß (Artemisia) und die Königskerze (Verbascum) im Hintergrund. Eine zufällige Kombination durch Selbstaussaat. Blumen stehen für Unordnung, Zufall und die Unberechenbarkeit der Natur. Sie spiegeln einen Teil unseres Selbst wider. Auch darum lieben wir sie.

« Hieroglyphen der Natur»

Es gibt Gärten ohne Blumen, auch wenn das wie ein Widerspruch in sich klingt. Dies sind traurige Orte, die einem Himmel ohne Sterne gleichen, einem Gesicht ohne Lächeln. Es sind trostlose Gärten, diese gepflegten, dauergrünen und immer gleichen Anlagen, deren Rasenkanten aussehen, als würden sie mit der Nagelschere geschnitten; und die Plattenwege glänzen, als hätte man sie wöchentlich mit dem Hochdruckreiniger bearbeitet. In diesen Gärten regiert der Laubsauger, das von mir am meisten verabscheute Gartengerät, im Einsatz gegen die ersten fallenden Blätter der Nachbarbäume im Herbst. Es sind Gärten ohne Makel, zu allen Jahreszeiten gleich, von geringen Veränderungen zur Zeit des Heckenschnitts und nach Schnee- oder Regenfällen abgesehen. Die fehlende Farbe wird durch Kunstobjekte, Windspiele und allerlei bunten Tand ersetzt. Die Gartenmöbel sind aus Kunststoff oder Edelmetall, ihre Chance, Patina zu bilden, aussichtslos. Solchen Gärten, und davon gibt es erschreckend viele, fehlt die Seele, weil ihnen die Blumen fehlen. Denn Blumen «sind die Hieroglyphen der Natur, mit denen sie uns andeutet, wie lieb sie uns hat» (J. W. v. Goethe). In manchen Gärten gedeihen neben all dem Grünzeug immerhin Rosen. Diese stehen jedoch einsam auf sauber geharkter, nackter Erde. Im Frühjahr erhalten sie bestenfalls Gesellschaft von einzelnen Primeln oder Stiefmütterchen, im Sommer von Tagetes, Lobelien oder Fleißigen Lieschen. Die Rose, die «Königin der Blumen», hat als Einzige das Recht, ein wenig Unordnung in diesem Garten zu stiften.

> «Der Garten ist ein Spiegel der Seele. Er lässt erahnen, ob sein Gärtner es liebt, in überfließender Fülle zu schwelgen, oder ob er eher zu rigider Eindämmung und Lebenskargheit neigt.»
>
> RALF SARTORI

Blumen haben den großen Nachteil, dass sie neben der prächtigen Blüte auch das Verblühen und damit das unkontrollierbare Chaos in den Garten transportieren, und dieses wiederum liebt der moderne Gärtner so gar nicht. Blumen sind ihrer Natur nach vergänglich. Sie welken, werden unansehnlich, müssen geputzt, gestutzt und weggeräumt werden. Der Umgang mit Vergänglichkeit passt aber nicht in unsere perfekt organisierte, technisierte Welt, in der es für alles eine Lösung gibt, außer für den Tod.

Wie viel Ordnung muss sein?

Die Ordnung des Gartens ist keine natürliche Ordnung. Sie ist vielmehr eine Ordnung des menschlichen Willens und des Verstandes, während die Blume, auch wenn sie sich durch jahrtausendelange Züchtung weit von ihrer ursprünglichen Gestalt entfernt hat, immer ein Stück Natur bleibt. Von dieser Spannung zwischen Mensch und Natur, Garten und Blume erzählt die Geschichte der Gartenkunst. Immer wieder gab es Gärten ohne Blumen, immer wieder wurden die Blumen in die Gärten zurückgeholt. William Robinson leistete dieses für England, Karl Foerster für Deutschland und Claude Monet für die ganze Welt. Durch die Gemälde seines wahrhaft paradiesischen Gartens in Giverny inspirierte Monet Menschen auf dem gesamten Erdball. Die Sehnsucht nach Schönheit ist eine schöpferische Kraft. Sie weckt Erinnerungen und Träume. Sie schafft Gedichte, Malerei, Musik und Gärten. Die Farbe ist ihr wichtigstes Medium. Im Garten wird die Farbe zur Blume. Zum Umgang mit Blumen gehört Mut. Mut zur Farbe, Mut zur Unordnung, zum Kontrollverlust und zur Vergänglichkeit. Dieser Mut wird belohnt durch paradiesische Schönheit und durch das Glücksgefühl, an dieser Schönheit schaffend und gestaltend teilzuhaben. «Denn die Schönheit ist ein ständiger Zuruf, den die Seele aus den oberen Welten empfängt, eine Bürgschaft dafür, dass der Mensch ein Bürger zweier Welten ist.» (Karl Foerster, Garten der Erinnerung)

Folgende Doppelseite:
Scabiosa ‹Chile Black› aus dem Garten «Les Fleurs du Mal» von Christopher Bradley-Hole.

Die Blumen meiner Kindheit

Im Garten meiner Kindheit wuchsen Akelei und Mohn, Löwenmäulchen, Levkojen, Wicken, Phlox und vieles mehr. Akelei, Mohn und Löwenmaul liebte ich besonders wegen ihrer kräftigen Farben. Aus dem Mohn baute ich Segel für die kleinen, geschnitzten Kieferrinden-Boote und das arme Löwenmaul wurde zerrupft, weil es Seeungeheuer darstellte, die das kleine Boot in Seenot brachten.
Über alles liebte ich den Duft der Wicken. So sehr, dass ich sogar den dicken Geburtstagskranz aus Wicken auf dem Kopf duldete, obwohl ich prinzipiell und nachdrücklich jede Form der Einflussnahme auf mein äußeres Erscheinungsbild ablehnte. Auch der Duft der Levkojen übte eine unwiderstehliche, fast magische Anziehungskraft auf mich aus. Er war schön und unangenehm zugleich. Fast zwanghaft roch ich an diesen seltsam gekräuselten Blüten, um herauszufinden, was überwog. Auf der Terrasse wuchsen aus Kästen Geranien und Tagetes, direkt in Nasenhöhe. Der scharfe Geruch dieser beiden Pflanzen und die kräftige, aggressive Farbe haben sich tief in mein Gedächtnis gebrannt und der Zutritt zu meinem Garten ist ihnen bis heute verwehrt. Hinter dem Gartenschuppen erhob sich ein «Urwald» aus einem wilden, wuchernden Gewächs, das meine Mutter «wilden Rhabarber» nannte, wohl eher eine Art Knöterich (*Polygonum persicaria*). Im Frühjahr spross er langsam aus dem Boden und bildete nach wenigen Wochen ein undurchdringliches Dikkicht. Dieser «kleine Dschungel» regte meine Fantasie zu unendlich vielfältigem Spiel an. Noch heute habe ich eine ausgeprägte Vorliebe für alles wuchernde, verschlingende Grün, wie zum Beispiel Alant, *Aristolochia, Darmera, Ligularia, Rodgersia* und *Rheum*. Sogar der «gemeine Huflattich» (*Tussilago farfara*) darf in meinen Beeten verbleiben, wenn er sich nicht auf Kosten anderer Pflanzen unmäßig ausbreitet.

Mein Tipp für Sie:

Wünschen Sie sich einen «private jungle» mit wucherndem Grün? Oder bevorzugen Sie klare Strukturen und zurückhaltende Farben? Diese Frage gilt es zuerst zu klären.

Mohn, Mohn und noch einmal Mohn. Ich kann kaum zählen, wie viele verschiedene Sorten und Farben ich von dieser herrlichen Blume habe. Stauden und Einjährige, von elfenbeinweiß bis purpurschwarz! Und natürlich alle Variationen von Rot und Orange.

Pflanzen, die tanzen

Akelei ist und bleibt meine Lieblingsblume. In England heißt sie «Columbine», bezugnehmend auf die tanzende, gewitzte und lebenslustige Columbine aus der Commedia dell' arte, einer Freundin Arlecchinos, genau wie er im Harlekinsgewand erscheinend. Vor ein paar Jahren entdeckte ich in einem englischen Gartenbuch den Namen «Columbine» und spreche sie seitdem in meinem Garten mit «Dancing Columbine» an. Sie ist die schönste aller tanzenden Pflanzen. Ihr Farbspektrum reicht von reinem Weiß bis zu Tiefblau und Schwarz. Die zinnoberrot-gelben sind mir die Liebsten. Ihre Blüten nicken und wippen auf zarten Stielen, die Sporne gleichen fliegenden Rockschößen, die zarten silbriggrauen Blätter zittern bei jedem Windhauch.
«Tanzende» Pflanzen schaffen eine Verbindung zwischen Himmel und Erde. Unentbehrlich in Rosenbeeten. In der Verbindung mit Gräsern wie *Leymus, Molinia, Miscanthus, Briza* oder *Deschampsia* verleihen Fenchel, *Thalictrum* oder *Macleaya*, Skabiose oder Akelei den eher «bodenständigen» Rosen Leichtigkeit und Natürlichkeit. Diese tanzenden Pflanzen stellen einen Schwebezustand her, sie sind Kinder des Lichts und spielen mit dem Wind. Sie reichen an die Wolken, glänzen im Morgentau und reflektieren die letzten Strahlen der Abendsonne. Doch nicht nur die Rose profitiert von dieser luftigen Gesellschaft. Auch Phlox und Rittersporn sind ohne sie nicht denkbar. Phlox wird allgemein in dicken Farbpolstern gepflanzt und schiebt sich in rosaroten Wellen über die Staudenrabatten. Sein Ursprung liegt jedoch an den wiesenähnlichen Flussufern und Waldrändern Kaliforniens. Die Schönheit und das Farbenspiel von Phlox kommen deshalb erst in der Verbindung mit Gräsern und *Knautia macedonica*, *Gaura lindheimeri* oder *Sanguisorba* vollkommen zur Geltung.

Pflanzenempfehlungen finden Sie im Anhang auf Seite 146.

Mein Tipp für Sie:

Eine «Phloxwiese» mit Gaura, Knautien, Skabiosen, Glockenblumen, Koriander und verschiedenen Gräsern gleicher Wuchshöhe! Im Frühling Poetennarzissen und Schachbrettblumen!

Die Akelei ist eine meiner Lieblingsblumen – vielleicht die Lieblingsblume! Am schönsten finde ich diese Hybride in Zinnoberrot und Gelb.

Tragende Säulen

Um zu verhindern, dass der Garten sich in ein impressionistisches Tohuwabohu auflöst, sollte man genügend architektonische Pflanzen einsetzen, die durch Blattwerk, Wuchs und Farbe dem Beet Ruhe und Statik verleihen. Das Wort «architektonisch» enthält den Begriff der Tektonik, laut Duden sowohl die «Zusammenfügung von Bauteilen zu einem Gefüge» als auch der «strenge, kunstvolle Aufbau einer Dichtung». Ein schöner Garten «ist ein Gedicht» oder aber «er ist wie gemalt» – derartige Ausrufe der Begeisterung über die Schönheit von Gärten hören wir oft. Gemeinplätze dieser Art enthalten aber immer wichtige Botschaften. Dichtung, Malerei, Musik, Architektur und Gartenkunst sind Kompositionen, die den Gesetzen der Tektonik, des Tragens und Lastens folgen. Architektonische Pflanzen bilden die Eckpfeiler, Kontrapunkte und Ruhepole in einem Beet. Die Liste der architektonischen Pflanzen wird selbstverständlich angeführt durch *Buxus, Taxus* und *Carpinus betulus*, die sich in alle erdenkbare Formen trimmen lassen.

Auch unter den Stauden, Einjährigen und Gräsern gibt es zahlreiche Pflanzen, die geeignet sind, den Grundakkord für die vielstimmige Melodie der Blumenvielfalt zu bilden. Allen voran *Hosta, Darmera, Bergenia, Alant* und *Phytolacca*.

Bergenien sind sowohl eine hervorragende Beeteinfassung als auch ein sehr dekorativer Lückenfüller. Ihre dunkelgrünen Blätter sehen immer kräftig und gesund aus, die eher unauffälligen und nicht besonders schönen Blüten erscheinen im April und treten allenfalls in Konkurrenz zu den gelben Narzissen. Wenn die Hauptblütezeit der Stauden und Sommerblumen beginnt, bilden sie einen ruhigen, sattgrünen Teppich, über dem sich die bunte Vielfalt des Sommers ausbreiten kann.

Pflanzenempfehlungen finden Sie im Anhang auf Seite 147.

Mein Tipp für Sie:

Wählen Sie Bergenien als Randeinfassung für Beete, die an Rasenflächen grenzen. Sie sparen sich teure Kantensteine und es sieht zu jeder Jahreszeit schön und ordentlich aus.

Kermesbeere *(Phytolacca)* und Rittersporn *(Delphinium)*, zwei «tragende Säulen» im Beet. Aber im Gegensatz zum Rittersporn, der nach der Blüte zurückgeschnitten werden muss, bleibt die Kermesbeere bis zum ersten Frost schön und attraktiv.

Lush Style – alles, was wuchert, wandert und windet

Lush – das ist ein englisches Wort, das ich besonders liebe. Lush bedeutet: saftig, üppig, in sinnlicher Fülle. «Lush-planting» nennen die Engländer den neuen «exotischen» Gartenstil, der kräftige Farben, kontrastreiche Strukturen und eine tropische Fülle bevorzugt – eine «kleine Gartenrevolution», die vor einigen Jahren den «hot look plants», den Dahlien, *Canna*, Zinnien aber auch der lang verschmähten Kapuzinerkresse den Zutritt zu unseren Gärten ermöglichte. Sogar Tagetes werden erträglich, wenn sie in der Nachbarschaft von *Ipomea batata, Canna, Calendula, Cosmos atrosanguinea, Tropaeolum* oder *Gazania* wachsen.

Nicht nur die «hot look plants» ermöglichen den «Lush Style». Alles, was wuchert, wandert und windet und einen mit grünen, saftigen Blättern wirkungsvollen Hintergrund für die «heißen Pflanzen» liefert, gehört in die Kategorie des «Lush Style». Darmera, Alant und Kermesbeere (*Phytolacca*) für sonnige Bereiche; *Hosta, Rodgersia, Persicaria, Ligularia* und Farne für Halbschatten und Schatten. Die pastellfarbene *Clematis rubens*, die im Frühling die Eiche erklimmt und in luftiger Höhe ihren Blütenteppich bildet und die Malve ‹Heavenly Blue›, die sich um die Kletterrose schlingt, verbreiten sinnliche Lust und Fülle.
Und das Miscanthusgras, das weit über dem Weg hängt, die dicken Blätter des Schildblatts, die über dem Wasser baumeln, Alant und Kermesbeere, die ein undurchdringliches Dickicht bilden, zeugen von der unbändigen Kraft der Natur.
Inbegriff des «Lush Style» ist für mich die Trompetenwinde (*Campsis radicans*). Sie vereint alle genannten Merkmale: Sie wuchert, rankt und windet, blüht in tropischer Fülle über dichtem, saftig grünem Blattwerk mit leuchtend zinnoberroten Trompeten und erträgt selbst frostige Winter ohne Schutz.

Pflanzenempfehlungen finden Sie im Anhang auf Seite 148.

Campsis radicans, die Trompetenblume, ist eine herrliche Pflanze. Und vollkommen unkompliziert. Bei mir hat sie auch schon kalte Winter mit minus 20 Grad überstanden. Sie wird bis zu zehn Meter hoch. Das leuchtende Orangerot mit dem frischen Grün ist wahrhaft tropisch!

Mein Tipp für Sie:

Im Frühjahr sollten Sie nicht auf die Kaiserkrone verzichten! Vom Sommer bis zum Herbst sind *Canna*, Kapuzinerkresse, Dahlien, Ringelblumen, Gazanien und die schwarze Süßkartoffel unentbehrlich!

Zweijährige – lästig, aber unentbehrlich

Ich habe nichts dagegen, mit großer Mühe und Geduld Stauden aus Samen heranzuziehen. Entweder im Herbst oder aber im frühen Frühjahr säe ich sie im Gewächshaus aus, pflanze sie, wenn sie kräftig genug sind, in Reihen zwischen mein Gemüse und setze sie im Herbst in die Beete. Dort bleiben sie, wachsen zu kräftigen Pflanzen heran und erfreuen mich in jedem Jahr aufs Neue. Auch die Einjährigen liebe ich, die in wenigen Monaten aus winzigen Samenkörnern wahre Wunderwerke hervorbringen. Ganz anders die Zweijährigen. «Sie blühen im zweiten Jahr, sterben dann ab oder säen sich aus.» So steht es in jedem Samenkatalog und so ist es auch. Und das ist lästig. Zweijährige blockieren Gewächshaus und Anzuchtgarten. Sie müssen alljährlich neu in die Beete gesetzt werden. Zweijährige säen sich zwar häufig aus, aber sie fallen selten echt. Weißer Fingerhut, der im ersten Jahr wunderschön zwischen feurigen Rosen, grauem Currykraut und dem rotblättrigen Felberich stand, erscheint im zweiten Jahr in schmutzigem Pink und muss umgehend nach Erscheinen der Blüte entfernt werden. Doch wer möchte ohne weißen Fingerhut, wer ohne Goldlack, Bartnelke, Stockrose, Vergissmeinnicht oder Muskatellersalbei leben? Ich jedenfalls nicht. Weißer Fingerhut wird deshalb alljährlich in großem Stil ausgesät, ebenso die fast schwarze Bartnelke ‹Sooty›, der farbenprächtige Goldlack und die ebenholzfarbene Stockrose. Bei den anderen Stockrosen lasse ich das Zufallsprinzip walten. Sie erscheinen nach Selbstaussaat in einer herrlichen Vielfalt neuer Farben und Blütenformen. Der Samen fällt auf die Kieswege, keimt, wächst heran und wird von dort direkt auf die Rabatten verteilt. Die vorübergehende Unordnung der Kieswege muss ertragen können, wer sich im Sommer an den bunten Bataillonen der Stockrosen erfreuen möchte.

Pflanzenempfehlungen finden Sie im Anhang auf Seite 149.

Mein Tipp für Sie:

Weißer Fingerhut und Bronzefenchel in der Mischung eins zu eins mit englischen Rosen! Schöner und geheimnisvoller geht es nicht!

Den Samen für diesen wunderschönen Fingerhut habe ich auf einer Lichtung im Park gefunden. An den dunkelrosa Blüten im Hintergrund sieht man, dass der Samen nie zuverlässig fällt. Aber der Zufall zaubert oft die schönsten Eindrücke.

Stauden selbst vermehren – kinderleicht?

Es ist nicht schwer, zumindest bei einigen Stauden. Rittersporn zum Beispiel keimt am besten, wenn der Samen noch warm ist, wenn er gereift und trocken aus der sonnengewärmten Kapsel heraus direkt ausgesät wird. Lupinensamen, vor der Aussaat 24 Stunden ins Wasser gelegt, keimt bereits nach drei Tagen. Phlox, den Frostkeimer, sollte man im Oktober in eine «mäusesichere» Kiste säen, einen Draht als Vogelschutz darüber spannen und dann auf einen frostigen Winter mit schöner Schneedecke hoffen. Der Rest geht wie von selbst. Auch hier möglichst ganz ausgereifte, trockene Samenkörner sammeln, denn sie keimen am zuverlässigsten.
Wer sicher sein möchte, genau die Farbe oder Sorte zu erhalten, die er sich wünscht, kann Staudensaatgut in großer Auswahl im Fachhandel bestellen. Die Vermehrung durch eigenes Saatgut birgt wiederum die Chance, eine ganz neue Sorte hervorzubringen. Während der «ahnungslose Genießer» in der Sommerblütenfülle schwelgt, geht der Gärtner auf Beutejagd. Die schönste Blüte wird unter seinem gierigen Blick zum «Pflanzenproduzenten». Bunte Schleifchen, Etiketten, sogar Plastiktüten als Schutz vor Vögeln oder anderen Pflanzenjägern, werden zur bunten Maskerade. Die Hoffnung, etwas völlig Neues zu erschaffen, treibt ihn aus dem Haus. Täglich, stündlich beobachtet er den reifenden Samen und fürchtet das herannahende Gewitter, das die Ernte zu Boden schlagen könnte. Eine eigene Züchtung – der Traum eines jeden Gärtners. Gelingt es ihm, wird er die Pflanze, wenn sie kräftig genug ist, durch Stecklinge vermehren, um garantiert die gleiche Blütenform und Farbe zu erhalten. Die Stecklinge werden tief unten am Wurzelhals abgeschnitten, mit Bewurzelungspulver bestäubt, in die Erde gesteckt, gewässert und gut festgedrückt. Stülpt man ein Weckglas oder eine Folienhaube darüber, wird die Wurzelbildung beschleunigt.

Mein Tipp für Sie:

Um viele Phloxstecklinge zu bekommen, schneiden Sie den Phlox gleich nach der ersten Blüte um ein Drittel zurück! Alle Seitentriebe, die keinen Blütenansatz zeigen, eignen sich zur Vermehrung!

Ritterspornsamen gehen auf «wie Hundehaare», so sagt man hierzulande. Aber nur, wenn man ihn sonnengewärmt und getrocknet direkt aus der Kapsel auf die Erde streut. Das ist zumindest meine Erfahrung.

Das Wunder aus der Samentüte

Am Anfang des Jahres überfällt mich immer eine seltsame Unruhe. Die Zeit der Samenkataloge beginnt. Die Sehnsucht nach der Farbenpracht des Sommers treibt mich zum Bücherregal. Dort liegen sie. Neben ihnen der Karton mit den hier und dort gekauften Samentütchen. Und die eigene Ernte, unordentlich beschriftet, aber lesbar. Eigentlich ist schon viel zu viel da, dürfte gar nichts mehr bestellt werden, der Platz in beiden Glashäusern ist längst «ausgebucht».

Vielleicht sollte man zusätzlich einen Folientunnel im Gemüsegarten bauen. Man muss ja nicht die ganze Tüte aussäen, kann ja Freunden etwas abgeben, dann wird der Platz schon reichen.

Es ist in jedem Jahr das Gleiche: nur ein paar Zinnien und Wicken; na ja, und Löwenmäulchen, die dürfen auf keinen Fall fehlen. Levkojen sind ein Muss, so wie Sonnenblumen, Ringelblumen, Kosmeen und Prunkwinden. Kapuzinerkresse gibt es inzwischen in allen Farben, dieses Farbwunder darf man sich einfach nicht entgehen lassen. Dazu kommt noch der grüne und weiße Ziertabak, das schwarze kleine Stiefmütterchen *Viola* ‹Black Moon›, die feuerroten Lobelien und immer wieder die Jungfer im Grünen, deren schönste Sorte ‹Curiosity› in tiefem Blaugrau blüht und unvergleichlich ist. Und natürlich der Mohn. *Papaver somniferum*, den «Schlafmohn», gibt es in den herrlichsten Farben. Der tiefviolette, fast schwarze ist der Schönste, und da er nicht farbecht aus eigenem Samen wiederkommt, muss ich ihn in jedem Jahr neu aussäen. Die Mexikanische Sonnenblume (*Tithonia rotundifolia*) wird bis zu einem Meter hoch, hat kräftige, sattgrüne Blätter und dunkelorange Blüten; die schönste Entdeckung der letzten Jahre. Auch der Duft der Spinnenblume gehört zum Sommer einfach dazu. Dreißig bis vierzig Tüten, für ungefähr 100 Euro. Zuviel für die Pracht? Niemals!

Pflanzenempfehlungen finden Sie im Anhang auf Seite 150.

Mein Tipp für Sie:

Kosmeen, Wicken, Kapuzinerkresse, Winde und Jungfer im Grünen lassen sich sehr leicht aus Samen ziehen. Ziertabak, Löwenmäulchen und Mohn haben einen sehr feinen Samen, vermischen Sie ihn mit Sand, dann ist die Aussaat einfacher.

Diese schönen Sommerblumen müssen Sie schon aus Samen selbst ziehen. *Zinnia elegans*, gibt es in allen Farben von Gelb bis Magenta!
Die «schwarze» Kornblume steht im Garten «Les Fleurs du Mal» und die gewagte Kombination aus blutroten Löwenmäulchen mit *Kosmeen*, die etwas zu Magenta tendieren, stammt aus dem «Alchemistengarten» von Eric Ossart und Arnaud Maurières.

Jungfer im Grünen – zart, aber zäh

Ihr gebührt ein eigenes Kapitel. *Nigella* ist ihr lateinischer Name. Die Römer liebten sie wegen ihrer pechschwarzen Samen, die, wie sie schrieben, nach «Erdbeeren mit Pfeffer» schmecken. Das bezog sich allerdings auf *Nigella sativa*, den Schwarzkümmel, aus dem wertvolles Öl gepresst werden kann, das schon die alten Ägypter als Heil- und Pflegemittel nutzten.

Im Garten kultivieren wir *Nigella damascena*, «Jungfer im Grünen» oder «Braut-in-Haaren» genannt. Ihre wunderschönen blauen Blüten wachsen aus einem grünen Schleier zarter, fedriger Blätter hervor und der Samenstand, eine dicke, stachelige Kugel, schmückt das Beet bis in den Winter hinein und sorgt dafür, dass sie sich immer wieder aussät. Ihre zarte Blüte in allen Weiß- und Blauschattierungen und ihre fiedrige, etwas verwildert anmutende Gestalt ist eine wunderbare Ergänzung zu allen Beet- und Edelrosen. Sie bahnt sich den Weg durch die Zweige und Blätter der Rosen und erscheint mit ihren kleinen, stacheligen Köpfen direkt neben der vollkommenen, kunstvoll geformten Rosenblüte. Vollkommenheit wird bekanntlich erst durch Unvollkommenheit erträglich und schön. Diesen Part erfüllt die zarte aber zähe Jungfer im Grünen, deren bezaubernder Name mir aus ferner Kindheit herüberklingt. In meinem ersten kleinen Gärtchen, in dem ich nur zwei Sommer verbrachte, säte ich Jungfer im Grünen nur des Namens wegen. Ich hatte keine genaue Vorstellung von ihrer Gestalt. Ich säte sie zusammen mit Reseda, Bartnelken, Margeriten und Mohn, direkt an der Eingangstür. Da ich weder die Keimlinge, noch die kleinen Pflänzchen identifizieren konnte, versank alles in einem grünen Meer von Melde, Vogelmiere, Franzosenkraut, Brennnesseln und Wermut. Nur die Jungfer im Grünen steckte ihre blauen Köpfe oben heraus und machte ihrem Namen alle Ehre.

Mein Tipp für Sie:

Säen Sie Jungfer im Grünen zwischen Rosen in Orangetönen, Ziertabak ‹Lime Green› und feuriger Kapuzinerkresse! Oder aber zwischen Currykraut, Strandhafer und Rosen in kräftigem Orange und Rot!

Meine zweite Lieblingsblume: *Nigella*, die Jungfer im Grünen! Dahinter eine leicht erblasste, sonst feurig orangefarbene Rose ‹Fellowship› von Robert Harkness.

Lobelia tupa hat den Winter überlebt!

Meine erste Begegnung mit dieser extravaganten Gartenschönheit hatte ich in Weimar. Im Rahmen der Organisation der «Weimarer Gartenlust» im Jahr 2003 realisierte ich vier Schaugärten im Park von Belvedere, die unter dem Motto «Südseeträume – Pflanzensammler und Entdecker» standen. Als der renommierte englische Gartendesigner Christopher Bradley-Hole mir den Plan für seinen Garten zuschickte, enthielt er nicht nur die aus den bergigen Regionen Neuguineas stammende *Astelia chathamica*, sondern auch eine weitere, mir vollkommen unbekannte Pflanze, die *Lobelia tupa* aus Chile. Nachdem ich ohne ein Ergebnis alle Staudengärtnereien Deutschlands befragt hatte, wurden die Pflanzen direkt in England bestellt und trafen bereits nach wenigen Tagen wohlbehalten in Weimar ein. Die großartige englische Tradition der «Planthunter» sorgt eben noch heute dafür, dass auch dem deutschen Gärtner kein Wunsch unerfüllt bleibt.

Für mich stand sofort fest, dass ich diese Staude in meinem Ippenburger Garten haben musste. Ein Import aus England kam nicht in Frage, denn mit zwei oder drei Pflanzen wollte ich mich nicht zufriedengeben und eine Großlieferung war unbezahlbar, zumal das Risiko bestand, dass sie den Winter nicht überstehen würden. Im Fachhandel fand ich den Samen gelistet und bestellte ihn umgehend. Es dauerte Wochen, bis ich die ersten winzigen Triebe in der Saatkiste identifizieren konnte. Nun hütete ich sie wie meinen Augapfel. Es waren nicht mehr als 30 Keimlinge, 15 kamen durch und wuchsen zu kräftigen Pflanzen heran. Den ersten Winter verbrachte die eine Hälfte mit Rosenvlies bedeckt, durch die Hainbuchenhecke geschützt, im Garten. Die andere Hälfte überwinterte zur Sicherheit im Glashaus. Mehr als die Hälfte überstand den recht harten Winter im Freiland. Diese Erfahrung ermutigte mich, auch andere, nicht winterharte Pflanzen wie *Penstemon* und *Melianthus* in meinem Garten anzusiedeln.

Mein Tipp für Sie:

Die Aussaat von Lobelia ist etwas für Geduldige! Aber die Mühe lohnt, und es schadet auch nicht, wenn nicht die ganze Saat aufgeht. *Lobelia tupa* ist eine Solitärpflanze, man braucht nur zwei oder drei!

Lobelia tupa lernte ich erst im Jahr 2003 kennen. Seitdem *muss* ich sie haben. Ich habe sie selbst aus Samen gezogen, sie gehegt und gepflegt und im Winter mit Vlies zugedeckt! Das hat sie mir gedankt! Ich habe zu ihr ein ähnliches Verhältnis wie zu Rosen: Die Vollkommenheit macht sie unerreichbar. Eine absolute Solitärstaude! Nichts für Anfänger, leider.

«Ein Leben ohne Phlox ist ein Irrtum»

KARL FOERSTER

Wenn im Juni der erste Phlox blüht und mit seinem Duft die Luft erfüllt, spüren wir den Sommer. Den Sommer der Sonnenblumen, die in Legionen den Gemüsegarten flankieren, den Sommer der Augustäpfel, die unter den Bäumen in der Obstwiese liegen und von Wespen ausgehöhlt werden, den Sommer, der schon vom Herbst kündet. Mitten im Juni ist dieser Sommer plötzlich da. Und mit ihm der Herbst. Denn dieser seltsam schwere, rätselhafte Duft erinnert an Herbstlaub, Frühnebel und fallendes Laub. Die strahlenden Farben dieser «Flammenblume», so der deutsche, wenig gebräuchliche Name, variieren von Weiß über alle Rosa-, Pink- und Violetttöne bis zum fast reinen Blau. Sie gleichen Edelsteinen, schimmern wie Saphir und leuchten wie Perlmutt. Sie gehören den Elementen Luft und Wasser an, sie leuchten im Schatten, verblassen im Mittagssonnenlicht und erinnern an Rhododendron, Orchideen, *Hesperis* und Tränendes Herz. Der schwere, herbstliche Duft erinnert jedoch an die goldenen und rubinroten Farben des Herbstes. Er gehört den Elementen Feuer und Erde an und kündet von Vergänglichkeit und Tod. Phlox ist ein Bewohner zweier Welten. Das ist sein Geheimnis, sein Zauber.
Ein Garten ohne Phlox ist kein Garten. Und doch fristen die meisten Gärten ein Leben ohne ihn. Phlox gilt als Einzelgänger. Er passt sich nicht an, er dominiert, gibt den Ton an. Und er macht es dem Gärtner nicht leicht. Er wächst sehr langsam, braucht zwei bis drei Jahre bis er eine ernstzunehmende Größe erreicht hat. Wenn man allerdings ein paar kräftige Pflanzen besitzt, wächst die Gier. Der Phlox gleicht der Rose; er duldet keine laue Liebe. Er fordert Leidenschaft. Karl Foerster, der große Phloxzüchter, taufte einen Phlox auf den Namen «Wenn schon, denn schon». Er wusste warum.

Mein Tipp für Sie:

Phlox liebt die Sonne, aber er hasst Trockenheit. Wenn er zu trocken steht, bekommt er Mehltau! Das ist wichtig zu beherzigen. Alles andere geht wie von selbst.

Phlox ‹Düsterlohe› mit Orientknöterich *(Persicaria orientalis)*. Der Phlox «liebt» es, wenn er durch «tanzende» Pflanzen aufgelockert wird. Am schönsten eignet sich dafür *Knautia macedonica*, aber auch Gräser passen gut dazu.

Akanthus – der Klassiker

«Das Mädchen Melite aus Korinth war vor seiner Vermählung gestorben. Auf das Grab stellte die Amme einen Korb mit den persönlichen Dingen der Verstorbenen und deckte ihn mit einer Steinplatte zu. Als im darauf folgenden Jahr der wegen seiner Marmorbildwerke berühmte Athener Kallimachos (5. Jahrhundert v. Chr.) an dem Grab vorbeikam, hatte sich eine unter dem Korb wachsende Akanthuspflanze so entwickelt, dass ihre Blätter, an den Seiten des Korbes hoch wachsend, unter der Abdeckplatte eingerollt waren. Bezaubert von dieser nie gesehenen Schmuckform, schuf er danach das korinthische Säulenkapitell.» So schildert es Vitruv (88 bis 26 v. Chr.) in seinem berühmten Werk «De architectura libri decem».

Das korinthische Kapitell hatte ich während meines Studiums häufig nachzeichnen müssen. Mein Interesse am Akanthusblatt erschöpfte sich lediglich in seiner Bedeutung für Kunst und Architektur, eine lebende Pflanze vermutete ich dahinter nicht. Nicht wenig überrascht war ich deshalb, als ich schließlich auf dem Forum Romanum zwischen allerlei Säulenstümpfen und Kapitellresten kräftige grüne Akanthusstauden entdeckte! Die Pflanze musste ich haben! Meine Mutter brachte mir ein Pflänzchen aus England mit, wo Akanthus sehr verbreitet ist. Heute ist daraus eine kräftige Staude geworden. Sie steht immer noch an ihrem ersten Platz, hat aber inzwischen reichlich «Nachwuchs» bekommen. Akanthus ist eine dieser wichtigen, unentbehrlichen «tragenden Säulen» im Blumenbeet. Die kräftigen grünen Blätter setzen räumliche Akzente und bilden den Hintergrund für die Farbenvielfalt der Stauden, Rosen und Sommerblumen. Die Akanthusblüte ist elegant und außergewöhnlich. Akanthus ist anspruchslos, wächst in jedem Gartenboden, in der Sonne und im Halbschatten, und ich frage mich, warum er so selten in unseren Gärten zu finden ist.

Mein Tipp für Sie:

Sie erhalten Akanthus in jeder guten Staudengärtnerei. Wenn Sie klassische oder moderne Skulpturen in Ihrem Garten aufstellen möchten, ist Akanthus ein perfekter Begleiter.

Es ist immer schön, eine besondere Geschichte oder ein Erlebnis mit einer Pflanze verbinden zu können. Immer, wenn ich an einem Akanthus vorbeigehe, und das geschieht oft, weil ich ihn inzwischen an verschiedenen Stellen des Gartens gepflanzt habe, denke ich an die griechische Klassik oder an Rom – beides sind sehr angenehme Assoziationen.

Ein Hauch von Schokolade

Nicht winterhart! Keine Chance! Jahrelang habe ich mir diesen Snobismus erlaubt. Ich hatte einfach keine Lust, Kisten von Dahlien und Gladiolen den Winter über in den Keller zu schleppen, um zu Beginn des Frühlings festzustellen, dass über die Hälfte vertrocknet oder verfault war.
Mein «Damaskuserlebnis» war die Begegnung mit der «Schokoladenblume» mit genauem Namen *Cosmos atrosanguineus* – schwarze Kosmee. Kosmeen gehören zur Familie der Dahlien und stammen ursprünglich aus Mexiko. Die Schokoladenblume war, ähnlich wie *Lobelia tupa*, Teil eines Plans des englischen Architekten Christopher Bradley-Hole. Er hatte sie für den Ippenburger Garten «Les Fleurs du Mal» vorgesehen, zusammen mit *Angelica gigas, Sanguisorba* ‹Red Thunder›, *Scabiosa* ‹Chile black›, *Knautia macedonica, Rudbeckia occidentalis* und den Gräsern *Briza media* und *Deschampsia*.
Zugegeben, ich kannte die Pflanze damals noch nicht, sie war mir einfach noch nicht begegnet. Schon während der Bestellphase war ich wie elektrisiert. Man werde sie in Holland bekommen, hieß es, vorgezogen in 11er-Töpfen. Auspflanzen sollte man sie erst nach den Eisheiligen. Im Winter müsse man sie herausnehmen. Na ja, soweit war es ja noch nicht. Dann öffnete sich die erste Blüte. Das schönste und tiefste Rubinrot, das ich je sah! Ein wahres Tizianrot! Selbstverständlich würde sie ein angemessenes Winterquartier bekommen. Und erst der Duft! Sie duftet nach Schokolade, nein, mehr noch, nach echtem Kakaopulver! Dieses Pulver, das wir in der Kindheit für die Trinkschokolade nahmen, das gekocht werden musste, damit sich die pudrigen Luftblasen auflösten! Seit dieser Begegnung gewähre ich nicht nur der Schokoladenblume, sondern auch all den anderen, nicht winterharten Zwiebel- und Knollenpflanzen das Recht auf einen Winter im Schloss.

Ich kenne keine Blüte, bei der Duft und Farbe so eng miteinander verbunden sind, wie bei der «Schokoladenblume», der schwarzen Kosmee. Man riecht die Farbe und den Duft!

Mein Tipp für Sie:

Obwohl die schwarze Kosmee dahlienartige Knollen hat, überwintere ich sie nicht trocken und kühl im Keller, wie Dahlien, sondern pflanze sie in Töpfe oder Kisten mit guter Gartenerde und überwintere sie hell und frostfrei.

Pflanzen, die ich nicht mag – oder besser: wie ich sie mögen würde

Sie werden Geranien genannt, haben aber mit dem Storchenschnabel ‹Geranium› nichts zu tun. Sie gehören zur Familie der Pelargonien. Ihr Ursprung liegt in Südafrika, wo sie als Halbstrauch vorkommen. In gleißender Sonne, umgeben von Gräsern und struppigen Halbsträuchern kann ich mir dieses Geraniumrot «HKS 313 DIN» sehr gut vorstellen. Im «Nordlicht» ist es dagegen aggressiv und unerträglich. Goethe bezeichnet es in seiner Farbenlehre mit «Gelbrot», im Gegensatz zum «Rotgelb», womit ein tiefes, sattes Orange gemeint ist. «Das angenehme heitere Gefühl, das uns das Rotgelbe noch gewährt, steigert sich bis zum unerträglich Gewaltsamen im hohen Gelbroten (...) es ist kein Wunder, dass energische, gesunde, rohe Menschen sich besonders an dieser Farbe erfreuen. Die Erscheinung eines gelbroten Tuches beunruhigt und erzürnt die Tiere. Auch habe ich gebildete Menschen gekannt, denen es unerträglich fiel, wenn ihnen an einem sonst grauen Tage jemand im Scharlachrock begegnete.»

Überjährige Geranien, verholzt und etwas staksig, auf Fenstersimsen, an Bahnwärterhäuschen oder vor einer russischen «Datscha», das ertrage ich. Für die roten Salvien und Begonien, die flächendeckend in Parkanlagen vorkommen, sehe ich dagegen keine Chance.

Etwas anders verhält es sich mit Tagetes. Auch sie stammen aus der südlichen Hemisphäre. Tagetes in einem Beet roter Edelrosen, allgemein verbreitet, sind eine Vergewaltigung der Sinne. Tagetes mit der schwarzblättrigen Süßkartoffel *Ipomea batatas*, mit Ringelblumen, Kapuzinerkresse, Gazanie, *Canna* und *Cordyline* sehen dagegen wunderbar aus. Wenn es gelingt, einige Exoten aus dem Gartenmarkt, wie *Cautleya, Curcuma, Calathea, Colocasia, Caladium* oder *Hedychium*, an das Sonnenlicht zu gewöhnen, sollte man sie unbedingt dazupflanzen.

Mein Tipp für Sie:

Wenn Sie «Zimmerpflanzen» im Freien verwenden möchten, gewöhnen Sie sie erst vorsichtig an die Sonne. Stellen Sie die Töpfe auf eine Karre und verlängern Sie das «Sonnenbad» täglich um einige Minuten.

Kombiniert mit buntlaubigen, exotischen Pflanzen, die man im Gartenmarkt problemlos bekommt, sehen Tagetes sehr interessant aus. Schließlich stammen sie ja auch aus Mexiko.

DAS GEHEIMNIS SCHÖNER GÄRTEN

«Die Freude, die wir an den Blumen haben, das ist noch ordentlich vom Paradiese her ...»

PHILIPP OTTO RUNGE

Der weiße Fingerhut erscheint im ersten Jahr reinweiß, im folgenden Jahr blüht er in den verschiedensten Nuancen. Hier könnte es sich um eine Mischung aus *Digitalis purpurea* ‹Silver Fox› und *Digitalis purpurea* ‹Alba› handeln. Möglicherweise ist es aber auch eine Mischung aus *Digitalis purpurea* ‹Alba› und dem Fingerhut aus unserem Park.

Oben: «Ein Garten soll verschlingen oder gar nicht sein» (Baudelaire). Der FLORA-Garten, 2001 gepflanzt und schon wunderbar üppig und dicht.

Unten: Ein Blick auf den «Kraut & Rüben»-Garten. Frauenmantel, die wunderschöne Rose ‹Rotes Meer›, *Rosa rugosa*, Hopfen und Baldrian.

Paradiese aus Menschenhand

Was ist eigentlich ein schöner Garten? Entsteht die Schönheit des Gartens durch die architektonische Ordnung oder aber durch die Vielfalt der Blumen? Die ersten Gärten entstanden vor mehr als 10.000 Jahren, als die Menschen vom Nomadendasein zur Sesshaftigkeit übergingen. Sie boten Schutz vor wilden Tieren und sicherten die Versorgung. Das Wort Pairi-daè-za kommt aus dem Altpersischen und bedeutet nichts anderes als Umzäunung, Ummauerung oder Umwallung. Die drei großen monotheistischen Religionen, Judentum, Christentum und Islam, haben ihren Ursprung in heißen, trockenen Wüstenländern. Das «Paradies» lag in einer Oase, das Wasser wurde sorgsam in «vier Strömen» geleitet, eine Mauer umgab den heiligen Ort. Diese formale Struktur des Paradieses, diese «göttliche Geometrie», prägte Vorstellungen von Hausgärten, Pfarrgärten, Klostergärten, Küchengärten und sogar Schrebergärten bis in die heutige Zeit.

Das Paradies ist die älteste Utopie der Menschheit. Jede Religion und Kultur hat einen anderen Namen und ein anderes Bild für diesen Ort der Sehnsucht und der Hoffnung. Der unerschütterliche Wille, ihn auf Erden zu verwirklichen, ist jedoch allen gemeinsam. Es ist die Utopie eines friedlichen, glücklichen Daseins in Fülle und Schönheit, im Einklang mit der Natur und dem Schöpfer. «Gärten sind im Kugelregen und unter Fliegerbomben angelegt worden, und Gärten stehen auf Dächern von Wolkenkratzern, an den Fenstersimsen zehnter Stockwerke, auf Kakteenbrettern im Wohnfach der Riesenhausschachteln, zwischen den rostenden Wracks alter Autos und Halden verrosteter Blechdosen in der Bannmeile elender Großstädte. Denn die Institution, die der Garten darstellt, ist eine Ausgleichsinstitution, eine, wie man sagt, Kompensation, und auch in diesem Sinne ein Korrektiv.» (R. Borchardt)

In Japan werden Blumen wegen ihrer symbolischen Bedeutung verehrt. Sie werden für die Teezeremonie in Vasen vor die gemalten Andachtsbilder gestellt und zu diesem Zweck in den Gärten kultiviert. Als Gestaltungselement kommen sie in den Gärten nicht vor. Der römische Garten, der französische Barockgarten und die englischen Landschaftsgärten kommen vollständig ohne Blumen aus. Ein Garten ohne Blumen ist Ausdruck des menschlichen Willens. Eines Willens, der sich die Natur zu eigen macht, sie gestaltet und beherrscht. «Mit der Blume ist er (der Mensch) durch unvernünftige Sehnsucht verbunden, mit dem Garten durch den Willen.» (R. Borchardt)

Rhythmus und Reim, Farbe und Form

Meine Großmutter sagte immer: «Blumen sind vom Himmel gefallene Sterne. Sie sprechen des Nachts mit ihren Brüdern und Schwestern oben am Firmament.» Vielleicht sind es dieser «Draht nach oben», der uns die Blumen so wertvoll macht, und diese «unvernünftige Sehnsucht», die wir in einer Welt, in der allein der menschliche Wille regiert, so dringend nötig haben. Daraus zu schließen, dass ein Garten ohne Blumen nicht als schön empfunden werden kann und ein Blumengarten selbstverständlich schön ist, wäre aber irreführend. Der Japanische Garten ist von höchster Spiritualität, der französische Barockgarten glanzvoll und prächtig, der englische Landschaftsgarten poetisch und schön. Entscheidend ist die harmonische Zusammenführung aller Elemente und die Befriedigung des menschlichen Bedürfnisses nach «Monotonie, Symmetrie und Überraschung» (Baudelaire). In der Musik und Dichtung geschieht dieses durch Rhythmus und Reim, in der Malerei durch Farbe und Form.

Ein Garten, in dem diese Harmonie herrscht und in dem die Seele des Gärtners spürbar und erkennbar ist, gilt uns als schön.

Architektonische Gärten

Die Wiederbelebung des architektonischen Gartens in der italienischen Renaissance entstand durch den Wunsch, die Gärten der klassischen Antike wiederherzustellen. Die Architekturbeschreibungen des Vitruv aus dem 1. Jahrhundert v. Chr. und die Briefe von Plinius dem Jüngeren um 100 n. Chr., in denen er seine Villa und seine Gärten beschreibt, waren dabei die Grundlagen für diese neuen klassischen Gärten. Der Garten wurde in seiner Geometrie der des Hauses angeglichen, er war eine Erweiterung des Hauses. Seine Stil- und Gestaltungsmittel waren Alleen, geschnittene Hecken, zu Figuren gestutzte Bäume, Pergolen, Wasserbecken und Wasserspiele, Labyrinthe, Grotten und Statuen. Symmetrie war oberstes Gesetz; Kreise, Quadrate, Kugeln und Obelisken das Vokabular dieser grünen Architektur.

Ein architektonischer Garten ist der ideale Reihenhausgarten. Abhängig von der Größe des Grundstücks lassen sich durch Hecken und Mauern verschiedene Gartenräume schaffen, die dem menschlichen Bedürfnis nach Zurückgezogenheit, aber auch nach Abwechslung und Überraschung entgegenkommen. Ein architektonischer Garten ist zu allen Jahreszeiten attraktiv, besonders im Winter, wenn Schnee oder Raureif die geraden Linien der Buchsbaumhecken nachzeichnen und die formale Struktur sichtbar wird. Der Pflegeaufwand eines solchen Gartens ist nicht besonders groß. Das Schneiden der Hecken kann man erlernen, die Rasenflächen werden sauber gemäht, die Kies- oder Klinkerwege gereinigt. Wer Freude an Blumen hat, kann in den eingefassten Beeten Rosen, Stauden und Sommerblumen pflanzen, aber auch Salat, Kohl und Kräuter oder beides zusammen. Innerhalb der strengen Geometrie herrscht vollkommene Freiheit. Architektonische Gärten, deren rhythmisch angeordnete Beete und Gartenräume Blumen in Fülle und Vielfalt zeigen, zählen zu den schönsten Gärten überhaupt.

Mein Tipp für Sie:

Je kleiner der Garten, umso wichtiger die klare Struktur und Ordnung. Der Garten ist das Spiegelbild des Hauses. Deshalb ist es wichtig, den Baustil des Hauses bei der Gestaltung zu berücksichtigen.

Oben: «Garten mit Aussicht» von Brigitte Röde, Köln, und Leonhard's, Wuppertal. Ein Beitrag zu: «Vier kleine Gärten am Wasser», Ippenburg 2006.

Unten: Die «schwimmenden Inseln», eine der fünf «schwimmenden Gärten» im Ippenburger Schlossgraben.

Nach der Natur

Wenn mir ein Haus- und Gartenbesitzer stolz von seinem «Naturgarten» berichtet, den er nur ein- bis zweimal im Jahr mit der Sense mäht, beschleicht mich immer eine gewisse Skepsis. Naturgarten ist ein Widerspruch in sich selbst. Ein Garten ist nicht Natur, sondern Kultur. Das Wort stammt von dem lateinischen Verb «colere», das gleich mehrere Bedeutungen hat, nämlich Land bebauen, Pflanzen ziehen, bewohnen, verpflegen, ausbilden, pflegen und verehren. Der oben erwähnte «Naturgartenbesitzer» obliegt der Illusion, er beherberge ein Stück heile Welt in seinem Garten und fühlt sich gegenüber den anderen Gartenbesitzern, die fleißig werkeln, schneiden und putzen, als besserer Mensch. Hier irrt er. Sein Stück Land ist weder Garten noch Natur, allenfalls ein Biotop im Übergangsstadium zu dem, was es vor der Kultivierung einmal war, zum Wald. Aber ein Garten «nach der Natur», ein Garten, der Bilder und Merkmale der Natur wie Bach, Berg, Fels, Wasserfall, Wald und Wiese, in seinem Garten «zitiert», ist poetisch und schön. In einem solchen Garten regiert nicht die Geometrie, sondern der «scheinbar» natürliche Zufall. Anstelle der klaren Achsen, herrscht die Diagonale, die sich, unterbrochen von Baumgruppen oder Beeten, durch den Garten schlängelt. Es ist eine in höchstem Maße künstliche Natur, ein inszeniertes Naturschauspiel. In seinem ersten Jahr wirkt dieser Garten befremdend, oft grotesk. Man stelle sich einen Bachlauf, einen Wasserfall und eine Felswand im Reihenhausgarten vor. Aber je älter dieser Garten wird, und je mehr es dem Gärtner gelingt, den Wachstumsprozess zu steuern und zu begleiten, desto natürlicher erscheint der Garten. Dass er jedoch pflegeleichter sei als der architektonische, ist ein gefährlicher Irrtum. Die chaotische Kraft der Natur, in der das Recht des Stärkeren herrscht, fordert von dem «Naturgärtner» ständigen Einsatz. Beobachten, unterstützen, zurückschneiden, ausreißen oder umpflanzen, Samenstände entfernen oder aber zwecks Aussaat stehen lassen – wer es liebt, mit der Natur zu arbeiten, sich von ihr täglich überraschen und herausfordern zu lassen, ist der prädestinierte «Naturgärtner». Ein «Garten für Faule» ist dieser Garten jedoch nicht.

Wasser hat einen ganz besonderen Reiz. Aber wenn man nicht aufpasst, breiten sich die Pflanzen so schnell aus, dass vom klaren Bach nichts mehr zu sehen ist.

Mein Tipp für Sie:

Wichtige Pflanzen für naturnahe Gärten sind: Alant, Kermesbeere, Fingerhut, Blutweiderich, Hemerocallis, Schafgarbe, Dost, Herbstastern, Rudbeckia, Helenium und natürlich alle Gräser!

Farbe!
Die Palette des Gärtners

«Bilder sind ebenso wenig zu verstehen, wie der Gesang eines Grashüpfers oder das Rauschen des Meeres. Weder Landschaft noch die Farbe der Tage endet. Die Fantasie durchdringt sie. In den meisten Lebensbereichen fehlt es gerade an Fantasie.»

BEN NICHOLSON

Grün vor Neid – die Zinnie ‹Envy› und ihre grünen Begleiter

Die Farbpalette eines Gärtners ist unermesslich. Während der Maler die Farben selbst aus verschiedenen Grundfarben mischen muss, kann der Gärtner aus einer reichen Auswahl blühender Pflanzen frei wählen. Grün ist eine der faszinierendsten Farben dieser Palette. Grüne Blumen haben ein zwitterhaftes, ambivalentes und flüchtiges Wesen. Sie sind noch nicht ganze Blüte, sind aber auch nicht mehr Blatt, sie stehen irgendwie dazwischen, scheinbar ständig bereit, sich mehr dem einen oder dem anderen Zustand anzunähern. Diese Ambivalenz fasziniert mich und hat mich dazu veranlasst, ein Beet ausschließlich für grün blühende Blumen zu entwerfen.

Hauptakteur ist die Zinnie ‹Envy›. Unter den Zinnien, die allgemein durch ihre kräftigen Rot-, Magenta- und Orangetöne auffallen, wirkt sie wie eine Fehlfarbe. Ihr Name ‹Envy›, zu Deutsch Neid, unterstreicht noch diese Wirkung. Auf der Suche nach passenden Begleitern stieß ich zunächst auf den Ziertabak ‹Lime Green›, der den ganzen Sommer bis in den Herbst zarte Blüten im gleichen Farbton produziert und mit seinem filigranen Blattwerk eine gute Ergänzung zu dem eher steifen Habitus der Zinnie ist. Die grüne Ananasblume *Eucomis bicolor*, die Kaphyanzinthe *Galtonia viridiflora*, die Ismenen *Hymenocallis* ‹Sulphur Queen› und ‹Festalis›, verschiedene Taglilien in Cremeweiß mit grünem Schlund unter anderem ‹Gentle Shephard›, verschiedene Wolfsmilchgewächse, die Morgensternsegge, Frauenmantel, Reseda und die Kapuzinerkresse ‹Milkmaid› ergänzen die Pflanzung. Für den Frühling kann man noch auf grün blühende Christrosen, Fritillarien, Tulpen und Stiefmütterchen zurückgreifen. Für den Frühsommer auf Fingerhut (*Digitalis lutea*) und die Akelei ‹Green Apples›.

Pflanzenempfehlungen finden Sie im Anhang auf Seite 151.

Mein Tipp für Sie:

Pflanzen Sie in einem Beet die grüne Rose ‹Lovely Green› zusammen mit der Zinnie ‹Envy› und dem Ziertabak ‹Lime Green›. Ist es Ihnen zu «grün», setzen Sie ein paar weiße oder magentafarbene Gallery-Dahlien dazu.

Blatt oder Blüte?
Die Blüten des Ziertabaks ‹Lime Green› haben etwas Magisches. Mondlicht am Tag!

Orange macht glücklich!

«Ich mag kein Orange!» Wie oft habe ich das schon gehört. «Ringelblumen sind schrecklich!» Und Kaiserkronen, Kapuzinerkresse und Habichtskraut? «Um Himmels willen!» Orange ist, laut Umfrage der Filmakademie Baden-Württemberg, nach Braun die unbeliebteste Farbe der Deutschen. Dabei strahlt Orange Wärme aus, signalisiert Energie und Lebenslust, Individualität und Risikobereitschaft. Die ukrainische «Revolution in Orange», die auch noch bei Schneegestöber Lebensmut, Optimismus und Siegeswillen vermittelte, wird nicht so schnell vergessen werden. Die sanft wehenden safrangelben Tücher, mit denen Christo und Jeanne-Claude für einige Wochen den Central Park in New York verzauberten, nicht minder. Im Buddhismus steht die Farbe Orange für die höchste Stufe der Erleuchtung, in den Niederlanden ist sie die Farbe der Freiheit, in der Karibik steht sie für Samba und Lebensfreude.

Orange ist die Komplementärfarbe von Blau. Blau ist die Farbe der Ferne, der Kälte und der Melancholie, Orange ist die Farbe der Nähe, der Wärme und der Freude.

Es gibt orange blühende Pflanzen mit grauem Blatt. Und es gibt sie mit glänzendem oder aber mit rauem, grünem Laub. Sowohl die graulaubigen Sorten als auch die grünblättrigen mit rauem Blatt passen, in Kombination mit Rosen, sehr gut zu dem grauen Strandhafer, zu Currykraut, zum leuchtend blau-grauen *Eryngium*, zur blauen Jungfer im Grünen und *Salvia patens* ‹Oxford Blue›. Orange blühende Blumen mit grünem, glänzendem Laub wirken am besten zwischen Wolfsmilch, *Darmera, Persicaria* oder Engelwurz. Der Grünanteil des Beetes sollte höher sein als der Orange- und Rotanteil. Auch orange und gelb blühende Dahlien und *Canna* mit dunkelrotem, fast schwarzem Laub, passen sehr gut dazu.

Pflanzenempfehlungen finden Sie im Anhang auf Seite 152.

Mein Tipp für Sie:

Ein Sommer ohne Kapuzinerkresse und Ringelblumen ist ein trauriger Sommer. Ein Gärtner, der die Farben des Sonnenuntergangs aus seinem Garten verbannt, ist ein trauriger Gärtner.

Das Löwenmäulchen ‹Jamaican Mist› – schöner geht es nicht!

Grau – und immer wieder grau!

Grün und Grau sind die wichtigsten Begleiter aller blühenden Stauden, Rosen und Sommerblumen. Graulaubige Stauden, Gräser, Hecken und Bäume bringen die Farben der Blüten zum Leuchten. Sie fangen kräftige Farben auf, unterstützen zarte Pastelltöne und wirken der Gefahr aggressiver Buntheit entgegen. Die Grundfarben Blau, Gelb und Rot sind im Grau enthalten, dadurch reflektiert es diese Farben und korrespondiert mit ihnen. Viele Gemäldegalerien wählen für ihre Wände ein sattes, warmes Grau, weil es die Wirkung der Malerei verstärkt. Der Maler, der um Farbharmonie bemüht ist, oder «sich vor dem Bunten fürchtet, malt von dem Grauen heraus in das Graue hinein» (J. W. v. Goethe).

Es gibt auch viele Gärtner, die sich vor der Farbe fürchten. Sie verwenden ausschließlich Pastellfarben, um sicher zu gehen, und deklarieren diesen Kompromiss als Raffinesse und Eleganz. Sie verabscheuen alles Bunte, wie sie es nennen, und bringen sich damit um den Genuss der kräftigen Rot- und Orangefarben, die erst die richtige Gartenlust ausmachen. Eine geschnittene Sanddornhecke als Hintergrund, davor Rosen in kräftigen Orange- und Rottönen, Federmohn, *Eryngium*, Strandhafer, *Hemerocallis*, Lobelien, Jungfer im Grünen und Currykraut – ein solches Beet blüht den ganzen Sommer feurig und wirkt dabei ruhig und harmonisch.

Graulaubige Pflanzen tendieren jeweils zu einer der Grundfarben, die im Grau enthalten sind. Sie erscheinen blaugrau, rötlichgrau oder in einem warmen, grüngelben Grau. Bei der Zusammenstellung eines Beetes mit graulaubigen Pflanzen sollte man daher darauf achten, zu welcher der drei Farben das Grau tendiert, denn Grau ist nicht gleich Grau.

Pflanzenempfehlungen finden Sie im Anhang auf Seite 153.

Mein Tipp für Sie:

Das Grau der Gräser und Stauden ist nur der Grundakkord. Ein Akkord ohne Melodie wird aber auf Dauer langweilig. Die Melodie bilden die kräftigen Farben der Blüten.

Der «graue Garten»: die Rosen ‹Fellowship›, ‹Pat James› und ‹Remembrance› von Robert Harkness. Dazu Funkien *(Hosta)*, Strandhafer *(Leymus)*, Heiligenkraut *(Santolina)* und Felberich (*Lysimacchia ciliata* ‹Firecracker›). Im Hintergrund weißer Fingerhut.

«Die Blumen des Bösen» – schwarze Schönheiten

«Les Fleurs du Mal», nannte Charles Baudelaire seine 1861 erschienene Sammlung von Gedichten, die Schönheit, Vergänglichkeit und Tod zum Thema haben. Die Überzeugung, dass das Schöne zugleich böse und das Böse zugleich schön sei und dass die Kunst in der Lage ist, das Böse in Schönheit zu verwandeln, faszinierte die Dichter und Maler der Dekadenz im ausgehenden 19. Jahrhundert. Schwarz sind die Nacht und der Tod, Zauber, Angst und Unglück. Schwarz sind die Raben, die treuen Begleiter der Hexen, schwarz ist die Kohle, schwarz ist heißes Pech. Aber Schwarz steht auch für Würde und Ansehen und hat einen festlichen, feierlichen Charakter. Während die Ambivalenz der Zinnie ‹Envy› eine physische und materielle ist, ist die der schwarzen Blumen geistiger Art. Schwarze Blumen zeigen die Schönheit der Vergänglichkeit.
Ihre prächtigste Wirkung entfalten schwarze Gewächse zwischen kräftigen grünen Blättern und wehendem Gras. Der häufig gemachte Fehler, ein «schwarzes Beet» mit schwarzblättrigen und schwarz blühenden Pflanzen zu gestalten, ist unserem missbräuchlichen Umgang mit der Pflanze als reinem «Werkstoff» geschuldet. Durch wahlloses Zusammenpflanzen von Stauden, Sommerblumen, Gemüse und Exoten, allein unter dem Aspekt der schwarzen Farbe von Blatt oder Blüte, ohne Rücksicht auf Erscheinungsbild und Charakter der Pflanze, entsteht eine chaotische braun-schwarz-violette Masse. Außer dem schwarzblättrigen Schlangenbart und dem Purpurfenchel sollten nur Pflanzen mit grünen Blättern und schwarzen Blüten verwendet werden. Das Grün muss überwiegen und die schwarzen Blüten sollten nur hier und da durch das Grün hindurchschimmern, wie ein Negativ des Sternenhimmels, geheimnisvoll, verführerisch und begehrenswert.

Pflanzenempfehlungen finden Sie im Anhang auf Seite 154.

Mein Tipp für Sie:

Es gibt «schwarz» blühende Einjährige, Stauden, Zwiebeln und Knollenpflanzen. Und es gibt sie für jede Jahreszeit, von der Christrose bis zur Dahlie.

Die «schwarze» Bartnelke ‹Sooty› in den Strahlen der ersten Morgensonne.

Vorsicht: Rot!

«Rot ist die Liebe, rot ist das Blut, rot ist der Teufel in seiner Wut!» Dieser Reim aus Kindertagen schildert die ganze Wucht der Farbe Rot. Besonders gewalttätig ist das Geraniumrot oder Signalrot, von Goethe als Gelbrot bezeichnet. Geranien, Fleißiges Lieschen, Brennende Liebe, Feuersalbei, Begonien und einige Dahlien erscheinen in diesem Rot. Für die Brennende Liebe habe ich noch kein endgültiges Nachbarschaftskonzept gefunden. Ich dulde sie ihres poetischen Namens wegen und weil ich sie aus meiner Kindheit kenne. Alle anderen, außer den Dahlien, die ich in meine «Lush-Style-Beete» setze, müssen «draußen bleiben». Dabei ist Rot meine Lieblingsfarbe. Es ist das Rot der untergehenden Sonne, ein Rot, das aus dem goldenen Abendlicht entsteht, das Rot von Feuerglut, das Wärme und Lebenslust erweckt. Es ist das Rot der Montbretie ‹Luzifer›, des orientalischen Mohns, der Lobelie ‹Cardinalis›, der Indianernessel, der Früchte des Aronstabs und das Rot der Hagebutten. Dieses Rot leuchtet besonders prächtig zwischen frischgrünen Blättern, zwischen *Canna, Darmera* und *Persicaria*. Eine besondere Wirkung wird erreicht, wenn das Grün dabei überwiegt. Je mehr dieses Rot in Purpur übergeht, desto dramatischer, leidenschaftlicher und edler wird es. Ein mit Purpur gefärbtes Gewand war im Alten Rom nur dem Kaiser vorbehalten, bis heute ist es die Farbe der Kardinäle. Die Verwirrung, die um die Farbe Purpur herrscht, setzte ein, als man anstelle der unerschwinglichen Purpurschnecke die Cochenille-Laus zur Gewinnung des Farbstoffs Purpur verwendete. Dieser Farbstoff hatte einen sehr viel geringeren Blauanteil, als der der Purpurschnecke. So kommt es, dass das Kardinalspurpur ein kräftiges reines Rot ist, während die Farbbezeichnung «Purpur» immer ein Violett meint.

Papaver orientale, Türkenmohn – der Klassiker. Wem dieses Rot zu feurig ist, der wähle lieber die Sorte ‹Beauty of Livermeere›. Ihr Rot ist dunkler und sehr elegant.

Mein Tipp für Sie:

«Purpur fordert Grün», schreibt Goethe in seiner Farbenlehre. Der Mohn ‹Beauty of Livermeere› blüht «kardinalspurpur» inmitten saftig grüner Blätter. Kein Zweifel, dass Goethe bei «Purpur» an dieses Rot dachte.

«Blaue Stunde»

«...von einem Glück aus Sinken und Gefahr
In einer blauen, dunkelblauen Stunde
Und wenn sie ging, weiß keiner, ob sie war.»

GOTTFRIED BENN

Sie wird geliebt und gefürchtet, die «Blaue Stunde». Diese Stunde, die nicht in goldenes Abendsonnenlicht, sondern in kaltes, blaues Mondlicht getaucht ist und an Abschied, Trennung, Nacht und Tod erinnert. Die Stunde, in der die unaufhaltsam voranschreitende Zeit für einen Moment stillzustehen scheint, die Stunde der Illusionen, der Hoffnungen, der Sehnsüchte und der Melancholie. Die «Blaue Blume der Romantik», erstmals von Novalis erwähnt, ist Symbol der Sehnsucht nach Glück und Lebenssinn. Vergissmeinnicht, Veilchen und Männertreu sind Symbol für die Treue in Ferne und Abwesenheit. In der frühen Malerei trägt Maria einen blauen Mantel, als Symbol und Mittler zwischen Himmel und Erde, Ferne und Nähe, dem Göttlichen und dem Irdischen. Der Maler Wassily Kandinsky schreibt 1910 in seinem berühmten Buch «Über das Geistige in der Kunst» zur Wirkung der Farbe Blau:
«Je tiefer das Blau wird, desto mehr ruft es den Menschen in das Unendliche, weckt in ihm die Sehnsucht nach Reinem und schließlich Übersinnlichem.»
Hiermit wären wir nun bei der blauen Gartenblume schlechthin, beim Rittersporn, angelangt. Wohl keine Staude hat ein großartigeres Spektrum an Blautönen anzubieten als er. Vom hellsten kristallinen Blau bis zum tiefsten Dunkelblau, violett changierend mit weißem Auge, schwarzem Auge, gefüllt oder ungefüllt. Unerreichbar bleibt für mich der große, blaue Scheinmohn. Vor Jahren sah ich ihn in einem verwilderten Park in England in einem Tal zu Hunderten in voller Blüte. Seitdem träume ich von dieser «blauen Blume» und versuche immer wieder, sie bei mir anzusiedeln, doch ohne Erfolg. Aber, wie war es doch gleich? Blau ist die Farbe der Sehnsucht.

Der Rittersporn ist einfach majestätisch. Eine sehr männliche Pflanze. Im Hintergrund die Rose ‹Bobbie James› im Birnbaum.

Mein Tipp für Sie:

Die «Blaue Blume der Romantik» ist ein Symbol. Beim Anblick der Blüten des Scheinmohns und der Zichorie drängt sich mir allerdings der Gedanke auf, Novalis habe diese gemeint.

«Die den Mond anschaut»

In Japan haben Blumen symbolische Bedeutung. Undenkbar, Blumen als «Baustoff» oder «Werkstoff» zu verwenden, wie es hier in zunehmendem Maße geschieht. Die Blume wird verehrt, sie schmückt das Andachtsbild, und es gibt Blumen für jede Jahreszeit und für verschiedene religiöse Feste. Ihre Namen sind von großer poetischer Kraft und jede Blume trägt eine eigene kleine Welt in sich.

Ich wünschte mir, all diese Namen zu kennen. Viel schöner und unterhaltsamer könnte dann ein Gang durch den Garten sein, denn die Blumen würden wahrhaftig sprechen, wie es der Volksmund sagt. Ich kenne nur wenige.

Die Nachtkerze, die sich in meinem Garten recht unverschämt ausbreitet, ist mir, seitdem ich ihren japanischen Namen kenne, sehr ans Herz gewachsen. «Die den Mond anschaut», heißt sie. Sie öffnet sich am späten Abend und spiegelt das erste Mondlicht in ihrem zarten, hellgelben Kelch. Und wenn man sehr früh am Morgen in den Garten kommt, dann hat sie noch dieses geheimnisvolle Mondglänzen auf ihren Blütenblättern vom «Anschauen des Mondes» in der Nacht.

Ich unterscheide zwischen mondgelb und sonnengelb. Narzissen, Tulpen, Himmelsschlüssel und Lupinen, *Thalictrum*, Reseda, Stockrosen, Fackellilien, Rosen, Taglilien und Iris in verschiedenen Sorten erscheinen mondgelb. Sie wirken besonders schön in der Kombination mit den hellgrünen Blättern von Frauenmantel, Fenchel, Wolfsmilch, hellgrünen Gräsern, Funkien und Farnen. Das Sonnengelb, das in Bronze, Kupfer und Brauntönen leuchtet, verkündet schon den Herbst. Sonnenblumen, Mädchenauge, Sonnenhut und Sonnenbraut, zeigen alle warmen Gelbtöne, von Goldgelb bis zu einem tiefen Rostrot. Diese sollte man nicht in großen Clustern, wie allgemein üblich, pflanzen, sondern durch Gräser, Engelwurz, Purpurdost, *Sanguisorba, Artemisia*, Verbene, Gartenmelde, weiße Anemone, *Echinacea* oder Eisenhut auflockern.

Mein Tipp für Sie:

Die Nachtkerze ist ein «Unkraut», sie wächst an Straßenrändern und auf Schutthalden. So spricht der ordnungsliebende Gärtner und bringt sich um den schönsten Genuss.

Die Nachtkerze träumt noch vom Glanz des Mondes. Sobald die Sonne höher steht, schließt sie ihre Blüten.

Ein weißer Garten wäre schön

Weißer Rittersporn, Rosen, Phlox, Iris und Königslilien, Pfingstrosen, Fingerhut, Kosmeen und Lupinen – Glyzinien, wie frischer Schnee. Schneeglöckchen, Christrosen, Papageientulpen und duftende Poetennarzissen – ein weißer Garten ist der Traum eines jeden Gärtners, nicht erst seitdem Vita Sackville-West mit ihrem weißen Garten in Sissinghurst Maßstäbe setzte. Weiß ist die Farbe von Eis und Schnee, Weiß symbolisiert Unschuld, Reinheit, Klarheit und Erhabenheit. Weiß wirkt aber auch undurchdringlich, unnahbar, kühl und reserviert. Und Weiß ist die Farbe des Nichts.

«Sie müssen unbedingt meinen weißen Garten besichtigen», schwärmt die empfindsame Dame und führt mich in ihr «Little Sissinghurst». *Artemisia* und *Hosta,* silbrig und panaschiert, bestimmen das Bild, unterbrochen von einigen weißen Rosen. «Im Frühling habe ich hier weiße Tulpen und Hyazinthen. Nein, Rittersporn, Phlox, Kosmeen und Lupinen haben so helles Laub, das passt irgendwie nicht, außerdem verblühen sie so schnell.»

Ein weißer Garten ohne Blumen ist jedoch nicht schön. Aber Blumen machen Arbeit. Sie welken und passen sich keinem strengen Farbkonzept an, weil ihre Blätter nicht grau oder silbrig sind, sondern grün. Die meisten «weißen» Gärten bestehen deshalb aus Stauden und Gehölzen mit grauem Laub. Dieses stumpfe, silbriggraue Weiß symbolisiert Tod, Leere und Trostlosigkeit. Solche Gärten sehen traurig aus, sie gleichen Grabstellen. Das reine Weiß der Kosmeen, Rosen, des Phlox oder des Rittersporns leuchtet jedoch klar und sonnig inmitten frischer, grüner Blätter. Das Schneeglöckchen, das mit seinen grünen Blättern die Schneedecke durchbricht und sein in einem weißen Kelch verstecktes grüngelbes «Auge», der ersten Frühlingssonne zuwendet, zeigt, wie ein weißer Garten «funktioniert»: Der Grünanteil überwiegt, die weißen Blütenblätter nehmen das Sonnenlicht auf und strahlen es zurück.

Weißer Rittersporn, weiße Lilien und weißer, duftender Ziertabak. Im Vordergrund einige Blätter der *Lobelia tupa*, die zwar nicht weiß ist, aber die elegante Gesellschaft liebt.

Mein Tipp für Sie:

Schneeglöckchen, Märzbecher und die Tulpe ‹Swan Wings› im Frühling, Kosmeen und Königslilien im Sommer und im Herbst die einmalig schöne Anemone ‹Honorine Jobert›!

Magisches Grün

«Die Natur hat etwas Unverschämtes in ihrem frischen und wuchernden Zustand. Der Größte Nutzen der Landschaft liegt in ihrem Nichtnutzen. Landschaft soll verschlingen oder gar nicht sein.»

CHARLES BAUDELAIRE

Manchmal habe ich das Gefühl, ich hätte Chlorophyll in den Adern. Der Anblick maigrüner Buchen wirkt dann auf mich wie eine erfrischende Transfusion. Grün ist sichtbarer Sauerstoff, sichtbare Energie. Nicht nur unser Geist und unsere Seele, der ganze Körper verlangt nach Grün. Grün ist die Farbe des Frühlings, steht für Leben, Hoffnung und Neuanfang. Das Wort «grün» kommt aus dem Germanischen gróa und aus dem Altenglischen grówan, gleichbedeutend mit wachsen und gedeihen.

Weil Grün aus den Farben Gelb, dem strahlenden Licht der Sonne, und Blau, der unheimlichen Finsternis der Nacht, besteht, verbindet es das Sehnsuchtsvolle der blauen Farbe mit der Lebenskraft der Farbe Gelb.

Grün ist sehr unterschiedlich in seiner Wirkung. Es ist sehr wichtig, dass dieses bei der Anlage von Gärten beachtet wird. Dunkelgrün, das mehr zu blau tendiert, assoziieren wir mit einem dunklen Fichtenwald, der im Märchen Gefahr, Einsamkeit und versteckte Abgründe der Seele symbolisiert. Hellgrün und besonders das frische Grasgrün bedeuten pure Lebenslust und Energie. Grün stellt die Verbindung vom Garten zur umgebenden Natur und Landschaft her. Mit Grün holt sich der Gärtner ein Stückchen Natur in den Garten zurück. Ein rein grüner Garten ist jedoch nur erträglich, wenn er durch Geometrie, durch architektonische Elemente oder durch Wasser, Steine und Skulpturen die notwendige Spannung erhält. Ein «dauergrüner» Garten, der aus einem Konglomerat aus hellgrünen, dunkelgrünen und panaschierten Pflanzen in wahlloser Anordnung besteht, ist weder Garten noch Landschaft noch Natur – er ist bestenfalls eine Grünanlage.

Mein Tipp für Sie:

Frisches Grün ist pure Energie! Ich meine nicht dieses dunkle, ledrige, immer gleichbleibende Dauergrün privater und öffentlicher Grünanlagen. Dieses hat keine Magie. Es ist sterbenslangweilig.

Das Schildblatt *(Darmera)* ist ein wahrer Zauberkünstler. Es passt sich fast allen Gegebenheiten an und ist mit seinen frischen, grünen Blättern ein wunderbarer Partner für alle kräftigen Rottöne, z. B. Rosen, Montbretien oder *Canna*. Aber auch einfach nur als wuchernde Uferbepflanzung ist es unersetzlich.

Duft! Geheimer Botenstoff

> «Doch wenn von einer weit zurückliegenden Vergangenheit nichts mehr existiert, nach dem Tode der Menschen und dem Untergang der Dinge, dann verharren als einzige (...) der Geruch und der Geschmack, um (...) das unermessliche Gebäude der Erinnerung zu tragen.»
>
> MARCEL PROUST

«Mit einem Mal war die Erinnerung da», schrieb Marcel Proust in seinem berühmten Roman «Auf der Suche nach der verlorenen Zeit». Was war geschehen? Er hatte, zunächst widerwillig und gelangweilt, die Madeleine, einen kleinen muschelförmigen Kuchen, in seinen Lindenblütentee getaucht. Als er den Geschmack auf der Zunge fühlte, wurde plötzlich vor seinem inneren Auge seine Kindheit lebendig, und ein «unerhörtes Glücksgefühl» durchströmte ihn. Geruch und Geschmack sind mehr als unser Verstand in der Lage, «das unermessliche Gebäude der Erinnerung zu tragen».
Lavendel erinnert mich an meine alte Tante. Bei Zimt denke ich an Weihnachten und an Dampfnudeln mit Pflaumensauce. Marokkanische Minze kultiviere ich nur, um mich ab und zu an den Duft des Orients zu erinnern. Currykraut riecht nach Wildschwein und ruft die Sonntagsausflüge mit meinem Großvater ins Waldrestaurant mit Wildschweingehege wach. Weißdorn und Flieder erinnern mich an den Schulweg, Levkojen an den Garten meiner Mutter und Wicken an die Peinlichkeit, sich für Geburtstagsgeschenke bedanken zu müssen. Der Geruch von Kiefernharz versetzt mich augenblicklich in den Wald meiner Kindheit, sodass strenge Preisverhandlungen in Sägewerken durch kurzfristig eintretende Glücksgefühle oft vollständig zu meinen Ungunsten ausgehen. Jasmin, Flieder, Lavendel, Lilien, Rosen oder Geißblatt, Nachtviolen, Maiglöckchen, Waldmeister, Narzissen und Levkojen, Minze oder Thymian verzaubern mit ihrem Duft, wohingegen Salbei stinkt – aber immerhin köstlich schmeckt.

Mein Tipp für Sie:

Vorschlag für «Nachtmenschen»: Die Tabakpflanze (*Nicotiana sylvestris*), Levkojen, Geißblatt und Flieder duften am Abend und in der Nacht am schönsten!

Die Duftwicke ‹Pink & White Ripple› besticht durch ihren betörenden Duft.

Der Traum von der Blumenwiese

Einmal ehrlich: Wie viele Tüten Wiesenblumenmischung haben Sie schon in Ihrem Garten versenkt? Und was kam dabei heraus? Brennnesseln, Disteln, Löwenzahn, Melde, Franzosenkraut, Klettenlabkraut – und hier und da ein zarter kleiner Mohn, vielleicht auch eine Kornblume! Es dauert ein paar Jahre, bis so eine Wiese wirklich «funktioniert», sagen die Fachleute. Ohne mich, das halte ich nicht aus, es ist mir einfach zu schäbig und zu unordentlich! Und dennoch, der Traum von der Blumenwiese lässt einen nicht los. Mohn, Kornblumen und Margeriten säumten die Wegränder meiner Kindheit. Und doch geht mein Traum weniger in Richtung der Mohnfelder à la Monet – sie sind einfach zu kurzlebig. Mein «Wiesenbild» ist das der Waldwiese. Auf gerodeten Waldstücken oder in Waldlichtungen wachsen Gräser, Fingerhut, Glockenblumen und viele andere bescheidene, poetische Blumen. Diese Wiesen sind luftiger, trockener, die Gräser wachsen in größeren Stauden, hier und da stehen Birken-, Eichen- oder Kiefernsämlinge.

In Erinnerung an die Waldwiesen meiner Kindheit schaffe ich mir nun «Wiesen» mit hohen ausdauernden Gräsern, Stauden und Einjährigen. Es sind eigentlich Beete, sie werden nicht ausgesät, sondern gepflanzt. Es werden immer nur einzelne Pflanzen gesetzt, in nicht zu weiten Abständen und in rhythmischem Wechsel. Gräser und Stauden mit filigranem, naturhaftem Habitus überwiegen, aber auch weiße Madonnenlilien und andere Lilien in kräftigen Farben, *Allium* und andere Zwiebelblumen, Indianernessel, Mohn, Verbene und *Echinacea* gehören dazu sowie einige Ritterspornarten und natürlich Phlox. Grüner und purpurner Fenchel, grüne Engelwurz und die dunkelrote Sorte ‹Gigas› sind unentbehrlich. Steppenkerze, Fackellilie und *Yucca* verleihen exotischen Charme und hier und da ein paar Strauchrosen machen das Glück vollkommen.

Mein Tipp für Sie:

Eine Wiese aus halbhohen ausdauernden Gräsern, Akelei, pfirsichblättrigen Glockenblumen und der filigranen *Gaura lindheimeri* – eine wahrhafte Elfenwiese! Poetisch und geheimnisvoll.

Halb geplant, halb Zufall – so entstehen die schönsten Gartenbilder. Die Glockenblume *Campanula persicifolia*, Malven, Rittersporn im Hintergrund und verschiedene Sorten Fingerhut aus Selbstaussaat.

Das Spiel mit Sonne und Wind

Sonne, Wind und Regen, Nebel, Tau und Frost sind das Vokabular des Himmels. Pflanzen sind die Mittler zwischen Himmel und Erde. Sie wurzeln in der Erde und kommunizieren mit dem Himmel. Die Sonne lässt die Farben erleuchten, ja überhaupt erst entstehen. Regen, Tau, Raureif und Frost schmücken die Blätter wie mit Edelsteinen und der Wind rauscht, flüstert und «singt sein Lied». So empfindet der Mensch seit Jahrtausenden, verleiht seinen Gedanken und Gefühlen in Musik, Malerei und Dichtung Ausdruck und gibt einzelnen Blumen bedeutungsvolle Namen, um ihnen, diesen Botschaftern des Himmels, näher zu sein.
Frauenmantel, *Alchemilla mollis*, aus dem Arabischen alkemelych = Alchemie und dem Lateinischen mollis = weich, zart, kommend, trägt ihre Wassertropfen noch bis in den Mittag hinein, wenn auf anderen Blättern der Tau längst verdunstet ist.
Noch vielfältiger als der Frauenmantel fangen Gras und Schilf die «Sprache des Himmels» ein, spiegeln sie wider und tragen sie fort. Gräser spielen mit Licht und Schatten, glänzen im Tau des Morgens, lassen die Regentropfen langsam auf ihren Halmen hinabgleiten, rascheln im Wind und rauschen im Sturm. Der amerikanische Stil, die Gräser großflächig, monumental und skulptural zu verwenden, hat etwas Befreiendes, Großartiges und ist besonders als Begleitung für moderne Architektur und im Städtebau von beeindruckender Wirkung und Ästhetik. Das geheimnisvolle Zwiegespräch zwischen Himmel und Erde kann man in diesem gigantischen Chor allerdings nicht mehr vernehmen. Das Dialektische ist auch hier das Geheimnis. Die Vollkommenheit einer Edelrose umgeben von der scheinbaren Natürlichkeit von Gras oder Schilf. Dieses Prinzip gilt für alle Blütenpflanzen, besonders aber für die sogenannten «Prachtstauden».

Ein doppelter Effekt – die feinen, weißen Streifen auf den Halmen und das Sonnenlicht!

Mein Tipp für Sie:

Ich empfehle für den Herbst Molinia oder zierliche Miscanthusgräser als Grundakkord für ein Beet mit einzelnen Strauchrosen, hohen Phloxsorten, wilder Feinstrahlaster und Astern in kräftigen Farben.

«INBEGRIFF DER SCHÖNHEIT IST DIE ROSE»

«Die Welt umfasset nicht das Bild der Rose,
die Fantasie umfasset nicht die Rose.
Vom Seelengarten Botin ist die Rose,
und Inbegriff der Schönheit ist die Rose.
Ein neues Leben wird den Geist beschwingen,
wenn er sich labt am süßen Duft der Rose.»

PERSISCHES GEDICHT

Nach dem antiken Mythos ist Duft und Schönheit der Rose göttlichen Ursprungs

«The English Garden» in typisch englischem Pink mit zwei verschiedenen Blautönen. Der Garten entstand 2001 nach Plänen des englischen Gartendesigners Michel Smith aus Bath.

Göttliche Schönheit und dionysischer Duft

Das Gedicht auf der vorhergehenden Seite stammt aus Persien, dem Heimatland der Rose. Persien ist das Land, von dem wir die älteste Kunde über den Anbau von Rosen haben. Die Perser hatten sie aus den Bergen des Kaukasus geholt, wo sie wild an den steinigen Hängen wuchsen und wegen ihrer Stacheln von den Schafen und Ziegen verschont wurden.
Sie brachten sie in ihre ummauerten Gärten und genossen die blühende Fülle und den Duft. Wann mag das gewesen sein? Die Paläste des Nebukadnezar standen noch nicht, aber das Reich der Sumerer war schon zerstört, der Tempel des Königs Salomo war noch nicht erbaut und Tut-ench-Amun lag noch nicht in seinem goldenen Grab. Wir Menschen rechnen in Jahrzehnten und Jahrhunderten, die Rose in Jahrtausenden.
Die Rose als «Botin des Seelengartens», als «Inbegriff der Schönheit» – dieses persische Gedicht ist ein Hymnus an eine Blume, deren Vollkommenheit weder der Verstand noch die Fantasie «umfassen» kann. Nur über die Sinne gelangt der Mensch zu ihr – «wenn er sich labt am süßen Duft» wird «ein neues Leben seinen Geist beschwingen». Er erfährt das Geheimnis der Vollkommenheit, das sich in Schönheit offenbart und das «Unvergängliche, das ewige Gesetz, wonach die Ros' und Lilie blüht» (J. W. v. Goethe).
Der antike Mythos kennt den Ursprung der Rose. Als Aphrodite, die Göttin der Liebe, dem Meer entstieg, erblühten Rosen unter ihren Schritten. Die Göttin verlieh der Rose ihre Schönheit, Dionysos schenkte ihr den Duft, und Anmut und Glanz erhielt sie von den drei Grazien. Göttliche Schönheit, dionysischer Duft – wer mag da widerstehen!

«Eine Rose ist eine Rose ...»

Der Name der Rose ist eine Welt für sich. Die Rosen wollen angesprochen werden mit «Herr General» oder «Princess» oder «Madame», «Kardinal», «Präsident» und «Kanzler». Es ist schon eine kuriose Gesellschaft, in der ‹Cardinal de Richelieu› neben ‹Lolita›, platziert wird, ‹Konrad Adenauer› neben ‹Lilli Marleen› und ‹Leonardo da Vinci› neben ‹Colette›.
Ich liebe sie alle: die zarten uralten, die vornehmen englischen und die kraftstrotzenden modernen Rosen. Rosen sind kapriziös und doch einfach, poetisch und doch real, fest verwurzelt im Boden und doch von überirdischer Schönheit. «Rose is a rose is a rose is a rose ...» Dieser von Gertrude Stein in Paris geprägte und häufig zitierte Satz ist sinnbildlich für jene Dinge, die ganz und nur mit sich selbst identisch sind. Die Rose ist ohne Vergleich. Oder wie der Barockdichter Angelus Silesius schrieb: «Die Ros' ist ohn' Warum. Sie blühet, weil sie blühet ...» Die Rose ist sich selbst genug. Sie braucht uns nicht. Aber wir brauchen sie – seit Jahrtausenden.

> «Es ist erstaunlich wie dürftig und karg manche Anlagen wirken, denen die Schönheit der Rose viel Reiz verleihen könnte. Die Rose muss zurück in den Blumengarten, ihren wahren Bestimmungsort, nicht nur um ihrer Selbst willen ...»
>
> W. ROBINSON

In guter Gesellschaft

Ende des 19. Jahrhunderts wandte sich William Robinson, Revolutionär der Gartenkunst und noch heute bekannt als Begründer des sogenannten englischen Cottage-Garden-Stils, gegen die leider noch heute verbreitete Unsitte, Rosen separat zu pflanzen und sie den anderen Gartenteilen «vorzuenthalten». Die Vollkommenheit der Rose entfaltet sich am schönsten, wenn man sie mit einer filigranen, luftigen und etwas «verwilderten» Gesellschaft umgibt, wie grünem und purpurnem Fenchel, Thalictrum, Glockenblumen, Kosmeen, Fingerhut, Macleaya und natürlich Gräsern.

Die Südfassade des Schlosses mit dem Garten «Rosenblütenfülle», der 2002 zum «Fest der Rose» von der Gartenarchitektin Ursula Gräfen aus Freising geplant wurde.

10
The English Garden

Lavendelduft und Spitzentaschentuch

Buchsbaum, Rosen in Weiß und Rosa, Lavendel und Schleierkraut – irgendwie langweilig. Die Rose wird irrtümlich von vielen Gärtnern als feminine Pflanze angesehen und steht für «biedermeierlichen» Zauber mit Lavendel und Seidenspitze. Für die historischen Rosen mag dieses vielleicht noch zutreffen. Modernere Züchtungen mit kräftigen, feurigen Farben haben dagegen einen eher maskulinen Charakter. Viele Gärtner weichen dieser Tatsache aus, indem sie alles, was gelb, orange oder rot ist, prinzipiell ablehnen. Die Unbelehrbaren, die immer noch Rosen auf nacktem Boden ohne Begleitpflanzen – von Tagetes abgesehen – in ihren Gärten kultivieren, wählen durchaus Orange und Gelb, aber sie werden dem besonderen Charakter nicht gerecht, weil sie die Rose solitär halten, ohne Gegenüber, vor weißen oder ockerfarbigen Klinkerfassaden, zwischen Kiefer, Thuja und Berberitze.
«Die Rose muss zurück in den Blumengarten!» Diese Forderung, die W. Robinson vor mehr als hundert Jahren aussprach, ist aktueller denn je. Es gilt, den Charakter der Rose zu erkennen und ihr die passende Begleitung zu verschaffen. Kräftige, maskuline Erscheinungen in feurigem Rot und Orange fordern ein ebenso starkes Gegenüber, zum Beispiel Eselsdisteln und Eryngium, Federmohn, Artischocken, *Eremurus*, Fackellilie, Strandhafer, Lobelien, Wolfsmilch und verschiedene Gräser. Zarte, weiße und pastellfarbene Rosen lieben die Begleitung von Glockenblumen, Storchenschnabel, Katzenminze, Frauenmantel, *Knautia macedonica*, Astrantien, Jakobsleiter, Schleierkraut, Indianernessel, Salbei, Skabiosen, Fetthenne, Ziertabak, Kosmeen und Jungfer im Grünen. In beiden Fällen gilt: Wenn ein gewisses Maß an Natürlichkeit und «Wildheit» erreicht ist, kann man auch Rittersporn, Phlox, Lilien und *Hemerocallis* hinzufügen.

Mein Tipp für Sie:

Eine wundervolle «weiblich-männliche» Kombination: die Rose ‹Sweet Pretty› mit Schleierkraut, Lavendel, Spanischem Gänseblümchen, *Ratibida* ‹Mexican Heat›, *Sanguisorba officinalis* und den Gräsern *Briza media* und *Imperata cylindrica* ‹Red Baron›.

Links: Grau und orange, statt rosa, weiß und hellblau! Die grauen Blätter von *Hosta halcyon* und *Hosta elegans* mit den Rosen ‹Fellowship›, ‹Rosemary Harkness› und ‹Pat James›.

Vorhergehende Doppelseite: Blick über den «David Austin»-Rosengarten auf die Remise von Isabelle van Groeningen und Gabriella Pape. Vorn die Rose ‹Heritage›, dann ‹Brother Cadfael› und ‹Cordelia›.

Wohin mit roten Rosen?

Einst blieb von einem Schaugarten auf dem Ippenburger Gelände die Rose ‹Roman Herzog› übrig. Ich gehöre eigentlich nicht zu den feinsinnigen Gärtnern, für die Rot, Orange oder Gelb Tabu ist. Aber dieses Rot, fast ein Geranienrot, und noch dazu in Kombination mit einem hellen grünen Blatt, war auch für mich eine seltene Herausforderung. Ich werfe grundsätzlich keine Pflanzen fort. Verschenken konnte ich sie allerdings auch nicht, weil ich nicht gern etwas verschenke, was ich selbst nicht mag. Der Beschenkte würde es bemerken, weil er mich kennt, oder er könnte glauben, ich möge die Rose leiden, was mir auch nicht recht wäre.

Während des Studiums hatte ich mich mit Goethes Farbenlehre beschäftigt. «Purpur fordert Grün», schreibt er. Aber ‹Roman Herzog› ist nicht purpurn. Eher «gelbrot». Das steht im Farbenkreis der Farbe Blau gegenüber. Blauer Salbei vielleicht? Passt überhaupt nicht zu den saftig grünen Blättern. «Saftig grüne Blätter» – das war das Stichwort. Rechts und links des Steges, der durch den Schilfgürtel führt, hatte ich Schildblatt gepflanzt. Schildblatt ist mein Ersatz für Gunnera, Inbegriff aller Englandsehnsucht. Leider ist Gunnera in unseren Breiten nicht winterhart, zumindest nur unter sehr großem Aufwand. Schildblatt dagegen wuchert, und ich habe aus 15 Stauden, die ich vor zwanzig Jahren gekauft hatte, inzwischen über hundert laufende Meter Uferböschung geschaffen. Dort hinein, in dieses wuchernde, wollüstige Grün, setzte ich ‹Roman Herzog›. Nach einigen Startschwierigkeiten wuchs er über sich und das Schildblatt hinaus und das Rot leuchtet fantastisch. Im letzten Winter hatte «er» unter dem Frost gelitten und ich wollte in einer nahe gelegenen Baumschule ein paar Rosen nachbestellen. «Nein, aber ‹Johannes Rau› könnte ich Ihnen geben», lautete die Antwort. Aber «der» ist seltsamerweise nicht rot.

Mein Tipp für Sie:

Für «Mutige»: die Rosen ‹Julie Y›, ‹Remembrance› und ‹Fellowship›, alle drei scharlachrot bis rotorange, in Verbindung mit der Wolfsmilch *Euphorbia griffithii* und *Lysimachia ciliata* ‹Firecracker›!

Der Übergang durchs Schilf und über den Schlossgraben. Die frischen, grünen Blätter des Schildblatts *(Darmera)* geben einen herrlichen Hintergrund für die feuerrote Rose ‹Roman Herzog›.

Der Traum von der schwarzen Rose

Sie heißen ‹Tuscany Superb›, ‹Barkarole›, ‹Schwarze Madonna›, ‹Perle Noir› oder ‹Black Baccara›; sie sind tief samtig dunkelrot und sie sind das Ergebnis einer unermüdlichen Suche nach der schwarzen Rose. Es ist ein dunkles Rubinrot, ein samtiges Tizianrot und es ist die Farbe getrockneten Blutes, eine Assoziation, die verdrängt wird, weil sie so gar nicht zur duftenden, edlen Schönheit der Rose passt. «Die Erfahrung lehrt uns, dass die einzelnen Farben besondere Gemütsstimmungen geben (...)», schreibt Goethe in seiner Abhandlung über die «sinnlich-sittliche Wirkung der Farbe», einer der ersten Studien zur psychologischen Wirkung der Farbe. Eine der umfassendsten Untersuchungen führte Eva Heller durch und zeigt in ihrem Buch «Wie Farben wirken», welchen Einfluss der prozentuale Anteil der Farbe Schwarz auf die Wirkung von Rot hat. Liebe, Leidenschaft, Nähe, Wärme, Energie, Impulsivität, Aktivität und Dynamik werden bei Rot mit geringem bis gar keinem Schwarzanteil assoziiert. Bei steigendem Schwarzanteil assoziieren wir: Erotik, Begierde, Kraft, Aggressivität, Zorn, Hass, Gefahr, das Unmoralische und schließlich das Verbotene.
Die Rose ist seit Jahrtausenden der Inbegriff von Vollkommenheit und Schönheit. In der «schwarzen Rose» verbindet sich diese Vollkommenheit mit einer Farbe, die an Liebe, Leidenschaft, Blut und Tod erinnert. Nach Friedrich Nietzsche stellt erst die «Mischung der zarten Nuancen von animalischen Wohlgefühlen und Begierden» den «ästhetischen Zustand» her. Die «schwarze Rose» enthält gerade diese «Mischung». Die Züchtung einer schwarzen Rose ist die hohe Kunst der Rosenzucht. ‹Barkarole› und ‹Perle noir› sind jedoch schön, weil sie noch nicht ganz schwarz sind. Eine vollständig schwarze Rose, sollte sie jemals Realität werden, kann niemand wirklich wollen.

Mein Tipp für Sie:

Ein Beet mit der Rose ‹Barkarole›, der Lilie ‹Ebony›, mit Purpurfenchel, *Molinia caerulea* ‹Moorhexe›, der nach Schokolade duftenden schwarzen Kosmee, «schwarzen» Tulpen und Schachbrettblumen.

Die schönste unter den «Schwarzen»: ‹Barkarole›. Und sie duftet auch noch! Ihre Knospen sind wirklich fast schwarz!

Wenn der Apfelbaum zweimal blüht!

Vor mehr als zwanzig Jahren sah ich eine Fotografie aus dem Garten in Sissinghurst, unter der geschrieben stand: "‹R. Filipes Kiftsgate› foaming over an appletree". Das musste ich einfach haben. Rosenschaum im Apfelbaum. Zum Glück gab es eine alte Obstwiese mitten in dem ummauerten Gemüsegarten. Ich hatte sie gerade von Brennnesseln befreit und eine idyllische Schafweide daraus gemacht. Ob die Schafe die Rosen wohl dulden würden?

Zunächst ging ich also auf die Suche nach der Rose. Es war nicht ganz einfach, aber ich fand sie. Dazu kaufte ich gleich noch ‹Bobbie James› und ‹Paul's Himalayan Musk›, zwei Rambler, die laut Katalog ebenfalls bis zu sechs Meter Höhe erreichen sollten. Das war wichtig, denn die Obstbäume waren alle schon recht alt und zum Teil sehr hoch. Ich pflanzte die Rosen und setzte zum Schutz einen Drahtzaun um den Baum. Vor meinem inneren Auge sah ich schon die schäumenden Wogen der Apfelblüten. Aber leider hatte ich die Rechnung ohne den Wirt gemacht. Obwohl die Schafe Unmengen fetten Grases zur Verfügung hatten, stürzten sie sich in einer milden Mainacht auf die Rosen und fraßen sie mit «Stumpf und Stiel». Aus der Traum vom Blütenschaum! Als die Kinder größer waren und die Freuden der Schafzucht zur Genüge kennengelernt hatten, stieg ich auf den motorisierten Rasenmäher um und pflanzte neue Rosen. Der zweite Versuch gelang. Heute blühen meine Apfelbäume im Juni zum «zweiten Mal», und wenn Äpfel und Blätter schon lange gefallen sind, leuchten die Hagebutten noch feuerrot bis in den Winter hinein. Beim zweiten Versuch pflanzte ich noch ‹Felicite et Perpetue› dazu. Sie hat rötliche Knospen und sehr elegante, gefüllte, schneeweiße Blüten. Es gibt auch Rambler in den Farben Rosa und Rot, aber ich bevorzuge die weißen. «Foaming» bedeutet für mich weiß!

Mein Tipp für Sie:

Im ersten Jahr müssen die Rosen häufig gewässert werden, da sie am Fuß der alten Obstbäume schnell austrocknen. Sind sie erst einmal eingewachsen, kann man sie getrost sich selbst überlassen.

Der alte Obstgarten mit über und über von Rosen bewachsenen Apfelbäumen. Sie fallen wie Kaskaden und hängen wie Allongeperücken.

«Wenn du schwach bist, schneid ich dich – wenn du stark bist, lass ich dich!»

Rosen sind kapriziös. Sie fordern unsere ganze Aufmerksamkeit. Nicht die «schäumenden» Rambler; sie wachsen und wuchern auch ohne unsere Hilfe. Dennoch gilt auch für sie wie für alle Rosen: «Tief genug pflanzen, alles andere geht von selbst!»
Als der berühmte englische Züchter David Austin im Jahr 2000 entschied, einen Rosengarten in Ippenburg anzulegen, war ich zunächst ängstlich. Schließlich herrscht in England ein sehr viel milderes Klima. Würden die Rosen unsere Winter, mit Temperaturen bis zu minus 20 Grad, überstehen? Kein Problem, lautete die Antwort aus England. «Wenn Sie die Rosen tief genug pflanzen, den Boden mindestens drei bis vier Zentimeter über der Veredlungsstelle anfüllen und sie gut einschlämmen, sodass keine Luft an die Wurzeln kommt, halten sie jeden Frost durch.
Er hatte recht. Und er hatte mir in wenigen Worten den Schlüssel zum Erfolg gegeben. Eine gut bedeckte Veredlungsstelle führt zu verstärktem Wachstum, schützt vor Trockenheit, Wind und Frost. Rosen mit «nackten» Veredlungsstellen dagegen kümmern und kränkeln. Nun bedurfte es nur noch der fleißigen, aufmerksamen Gärtnerhand, die schneidet, was schwach ist, und fördert, bindet oder stützt, was stark ist. Eine Düngung mit Langzeitdünger, eine Austriebspritzung im zeitigen Frühjahr und Spritzungen gegen Mehltau, Läuse und Rost nach Bedarf gehören ebenfalls dazu. Ich spritze die Rosen erst seit dem Rosenfestival. Züchter aus Deutschland, England und Frankreich stellten 2002 für die Schaugärten rund 3.000 Rosen zur Verfügung. Diese in ordnungsgemäßen Zustand zu präsentieren, hielt ich für meine Pflicht und wendete mich dem Thema professionell und gründlich zu. Den unschuldigen Glauben an «Brennnesseljauche und Schmierseifenlauge» verlor ich damals. Meine Rosen haben es mir gedankt.

Mein Tipp für Sie:

Der Herbstschnitt dient auch dazu, dem Wind die Angriffsfläche zu nehmen. Bei zu hohen Edel- und Strauchrosen besteht die Gefahr, dass die Wurzeln durch die kräftigen Winde gelockert werden und dann schutzlos Frost und Trockenheit ausgesetzt sind.

Man kann die alten Römer schon verstehen! Sie liebten es, in Rosen zu baden.

Unter der Haube

Es gab Zeiten, da schnitt ich, kaum hatte der Gast das Haus verlassen, Stecklinge aus dem als Geschenk gedachten prächtigen Rosenbouquet. Die Leidenschaft, Rosen aus Stecklingen zu ziehen, hatte mich erfasst. Und ich war erfolgreich. Viele dieser unbekannten Schönen wuchsen an und einige stehen noch heute in meinem Garten. Aber ich schnitt auch Stecklinge von eigenen Rosen. Den größten Erfolg erzielte ich mit ‹Queen Elizabeth› und R. ‹Sissinghurst Castle›. Ich weiß nicht mehr, woher ich diese Rose bekam. Sie war meine allererste Rose englischer Herkunft. Vita Sackville-West fand sie 1930 bei Aufräumaktionen in Sissinghurst und gab ihr den Namen. Und da sie und ihr Garten zu meinen absoluten Vorbildern zählten, hütete ich sie wie meinen Augapfel und war glücklich, dass sie sich so gut vermehren ließ.

Unzählige Rosensträucher «produzierte» ich auf diese Art. Sie wuchsen zu kräftigen Büschen heran. Die erste ‹Sissinghurst Castle›, meine «Mutterpflanze», fiel leider der Umgestaltung ihres Beetes zum Opfer, sie überstand den «Umzug» nicht, was mich sehr traurig machte. Seltsamerweise waren gerade in dem Jahr alle Stecklinge angewachsen und prächtig gediehen. Heute habe ich so viele Rosen, dass ich eigentlich gar keine mehr stecken dürfte. Dennoch, immer im Juli, wenn die verblühten Triebe noch nicht richtig verholzt, aber auch nicht mehr grün und weich sind, erwacht die Leidenschaft in mir. Nur ganze wenige, fünf bis zehn, mehr nicht! Ich nehme einen schönen gesunden Trieb, schneide ihn in drei bis vier Stücke, entferne die Blätter, benetze den Steckling mit Wachstumspulver, stecke ihn in die Erde, drücke diese fest, gieße ihn an und halte ihn feucht. Im Freiland stülpe ich eine Glashaube darüber, zum Beispiel ein altes Weckglas. Dieser Tipp kommt direkt aus Kasachstan, von der Mutter meiner Gartenfrau – und er funktioniert wunderbar.

Mein Tipp für Sie:

Historische Kletterrosen lassen sich oft sehr leicht durch «Absenker» vermehren. Einfach einen «Jährlingstrieb» nach unten biegen, mit Erde bedecken und im nächsten Jahr von der Mutterpflanze trennen.

Neben den Kartoffelreihen vermehre ich meine Rosen. Man muss ja jede kleinste Ecke nutzen. Von Juli bis August quillt der Garten immer über. Zum Glück standen im Keller noch Hunderte alter Weckgläser!

«Rosen à la carte»

Kochen mit Rosen? Hätte man mich vor ein paar Jahren gefragt, was ich davon halte, hätte ich mit der ganzen, für Ignoranten so charakteristischen Kraft der Überzeugung geantwortet, dass so etwas dekadent und verrückt sei und für mich absolut inakzeptabel. Rosenbowle sei etwas für alte Damen, die beim Anblick der in ihren Sektschalen schwimmenden rosaroten Blütenblätter in Verzückung gerieten und mit geschürzten, rosarot gemalten Lippen die süße, parfümierte Flüssigkeit schlürften, immer bemüht, die zarten Blätter nicht zu berühren. Und Rosenwasser gehöre ins Marzipan, dessen Verführungskraft früher nur zur Weihnachtszeit von Bedeutung war und heutzutage meine Widerstandskräfte beim täglichen Butter- und Milcheinkauf herausfordern. Soweit die Antwort des Ignoranten.
Inzwischen habe ich die Delikatessen-Manufaktur aus Roden bei Ansbach kennengelernt und mein Urteil grundsätzlich revidiert. Rosenessig, Rosenpfeffer, Rosensalz, Rosen-Apfel-Chutney und Senfrosen gehören neben den Rosennudeln, die zu Rotbarbe, Seeteufel oder Seezunge unverzichtbar sind, inzwischen zu meinem gängigen Repertoire.
Rosenlikör mit Prosecco als Aperitif läuft dem Holunderlikör, der der Inbegriff des Sommers ist, bereits den Rang ab. Er ist die schönste Eröffnung eines festlichen Abendessens im Sommer.
Das Geheimnis aller mit Rosen gewürzten Speisen – denn die Bezeichnung Gewürz wird der Rose am ehesten gerecht – ist die Tatsache, dass Duft, Geschmack und Farbe hier untrennbar zu einem Genuss verschmelzen. Man beißt und kaut, zum Beispiel beim Rosengelee oder den kostbaren gezuckerten «Délices de Roses» in Rosenblätter, dem Kostbarsten, Vollkommensten und Kunstvollsten, was die Natur hervorbringt. Dieses kulinarische Erlebnis ist einzigartig. Es ist sinnlich und zugleich vornehm, es ist lustvoll und zugleich poetisch und wird begleitet von dem Hauch uralter Mythen, Traditionen und dieser verführerischen, unwiderstehlichen Spur Dekadenz.

«Rosenbaisers», das heißt übersetzt «Rosenküsse».

Mein Tipp für Sie:

Wenn Sie es selbst probieren möchten, wählen Sie dafür Centifolien oder Damaszenerrosen. Dass diese Rosen nicht gespritzt werden, versteht sich von selbst.

KÜCHENGÄRTEN – TRÄUME UND UTOPIEN

«Glaubst du also nicht, dass ich vollen Grund habe, diesen Landsitz zu meinem allerliebsten Aufenthalt zu machen? Du müsstest wirklich ein verbissener Städter sein, wenn du jetzt kein Verlangen danach bekommst!»

PLINIUS D. J. AN GALLUS, UM 100 N. CHR.

Hier bin ich am liebsten! Mein Gewächshaus ist der schönste Platz. Es hat in über hundert Jahren schon so viel erlebt! Gurken mag ich eigentlich gar nicht, aber ich liebe es, wenn sie durch das ganze Haus wandern, wie eine Medusa mit langen Krakenarmen.

Oben: Koriander, Dill, Ringelblumen, Zinnien und eine Handvoll Schalotten. Das ist der Sommer!

Unten: Winzig kleine, frisch pikierte Sämlinge genießen in ihren Saatschalen die Junisonne!

Sehnsucht als Ursprung

«Tout jardin est Eden» (M. Rouanet); «My patch is just a little corner of paradise» – Versuche, das Geheimnis dieser besonderen Gartenform zu beschreiben, füllen Bücher und Regale seit Jahrhunderten. Küchengärten gibt es auf dem ganzen Erdball. Den ersten Küchengarten wird Eva angelegt haben, als sie begann, sich in der unwirtlichen Welt jenseits von Eden häuslich einzurichten. Neben Kohl und Rübe stehen dort seit Jahrtausenden Rosen und Lilien, Nützliches und Schönes in friedlichem Nebeneinander. Die Sehnsucht nach dem Paradies, nach einem glücklichen Dasein in Schönheit und Fülle und im Einklang mit der Natur und ihrem Schöpfer, allein den christlichen, jüdischen und islamischen Religionen zuzuordnen, bedeutet eine unzutreffende Einengung dieses Phänomens. Diese Sehnsucht ist ein Urmythos und betrifft alle Religionen und alle Kulturen. Sie ist Ursprung aller Gärten rund um den Erdball, sie schafft Datschengärten in Sibirien, Schrebergärten in Deutschland, Hausgärten, Pfarrgärten, Bauerngärten, Klostergärten und Küchengärten in allen Kontinenten, Favelas in Brasilien, «Community Gardens» in New York oder Südafrika, schwimmende Gärten, hängende Gärten, Dachgärten und Terrassengärten. Das eigene Paradies, selbst geschaffen, ist ein geschlossener Raum, in dem Nützlichkeit und Schönheit jedem Zeitgeist trotzen und der in natürlicher, oft chaotischer Harmonie für Unabhängigkeit, Freiheit und Frieden steht. Dieser Hausgarten oder Küchengarten, in Frankreich unter dem Topos «jardin du curé» – Pfarrgarten – geführt, hat alle Stile und gärtnerische Moden überdauert und bestand im Schatten großer Zeiten eines Le Nôtre in Versailles oder Capability Brown in England, eines Lenné oder Fürst Pückler in Deutschland unverändert fort.

Gibt es Schöneres, als Kartoffeln aus dem eigenen Garten zu ernten und zu essen? Den eigenen Salat, Gurken, Tomaten, Basilikum und Koriander, Bohnen und Erbsen oder Zucchini? Ja, es gibt Schöneres. «Die Gartengestaltung geschieht aus Überlegungen der Ordnung, Vernunft und des praktischen Bedürfnisses. Wenn aber alles herangewachsen ist, wuchsen eine Gartenpoesie und ein Lebensreiz heran, wie sie gar nicht vorgeahnt werden konnten. Was steigt doch alles aus diesen schlichten Dingen auf! Nicht auszusagen, welche guten Geister hier um alles weben, um das Gartenhäuschen und jedes Gerät – um das Beet mit Grünkohl und um den langen Himbeerstreifen.» Die «Gartenpoesie» und der daraus entspringende «Lebensreiz», wie Karl Foerster es nennt, teilen sich mit, wenn man am frühen Morgen oder in der Abenddämmerung in den Garten geht und die Fülle und Schönheit auf sich wirken lässt.

> «Man braucht das alles aus Gründen des ganzen Lebensgefühls – nicht nur der leiblichen Erfrischung und Nahrung halber.»
>
> KARL FOERSTER

Die Augen essen immer mit

Natürlich ernte ich alles oder verschenke, was ich nicht selbst essen kann. Ich betrachte die Früchte, obwohl ich sie selbst gesät und gepflegt, aufgebunden, gestützt oder verpflanzt habe, als Geschenk. Jede Blüte, auch wenn es die fünfzigste Zucchiniblüte mit der unweigerlich darauf folgenden fünfzigsten «Zucchinikeule» ist, erfüllt mich mit einer kaum erklärbaren Zufriedenheit. Ich «esse mit den Augen», das ist ein Gemeinplatz, aber er entspricht der Wahrheit, wie die meisten Gemeinplätze. Und deshalb gibt es Schöneres als den Verzehr der Gartenprodukte, als das Einmachen, Einkellern, Einfrieren, Einkochen oder Einlegen.

Es ist dieses Anschauen der Gartenschönheit und das Verspüren der «Gartenpoesie», an der wir gestalterisch zwar teilhaben, die aber eine geistige Kraft ist und deshalb über uns hinausführt.

Das blaue Wunder!

«Für das Geld, das Sie in Ihrem Blumen- und Gemüsegarten versenken, können Sie einmal in der Woche nach Paris fliegen und dort auf dem Markt einkaufen!» Das ist ein altbekannter Spott landwirtschaftlicher Betriebsberater, die den Landfrauen ihren Gemüsegarten madig machen wollen. Aber ich will nicht nach Paris, um mir einen Blumenstrauß zu kaufen, und mein Gemüse könnte ich heute fast genauso frisch im Supermarkt oder auf dem regionalen Wochenmarkt kaufen, denn die Zeiten, wo man nur Kohlrabi und Weißkohl bekam, sind lange vorbei. Vieles schmeckt sogar besser, die Kartoffen sind nicht von Mäusen angefressen und im Salat findet man in den seltensten Fällen Schnecken, Raupen oder anderes Getier. Aber es geht ja um «das ganze Lebensgefühl» und nicht allein um das, was auf den Teller kommt. Natürlich gibt es auch einige Dinge, die man, zumindest in ländlicheren Regionen einfach nicht bekommt. Dazu gehören blaue Kartoffeln, blaue Busch- und Stangenbohnen und blaue Erbsen, verschiedene Basilikum- und Ruccolasorten, frische Schalotten und Koriander. Schon allein dafür brauche ich den Garten. Die blauen Bohnen, jung geerntet, schmecken besser als jede Keniabohne aus dem Delikatessenladen. Die Bohne hat ein dunkles Violett, ist sehr lang und schmal und wird tief dunkelgrün, wenn man sie ins kochende Wasser wirft. Sie wächst in dichten Trauben, lässt sich leicht ernten und ist kerngesund. Mit Pellkartoffelscheiben, frischen Schalotten, Dill, Pfeffer, Salz und Öl als lauwarmen Salat sind sie absolut unschlagbar. Heiß mit «Mintjelly» zu Lamm und Rosmarinkartoffeln, lauwarm mit Tomatenmark, Knoblauch, Olivenöl, Fleur de Sel und Unmengen gehackter Petersilie für einen Sommerabend im Freien oder mit Teig umhüllt in Fett gebacken im Stil japanischer Tempura für kalte Wintertage – sie sind einfach immer köstlich.

Mein Tipp für Sie:

Ein «blauer» Kartoffelsalat aus lauwarmen «blauen» Kartoffeln, roten Schalotten und «blauem» Basilikum – köstlich und elegant.

Vorhergehende Seite: Der Gemüsegarten, meine «Hexenküche». Hier ziehe ich alle Pflanzen heran. Das Wasser für die Beregnung kommt aus dem Schlossgraben. Der Boden besteht aus einer 300 Jahre gewachsenen Humusschicht - hier wächst einfach alles!

Links: Die Bohnensorte Blauhilde in Hochform!

Endlich Brunnenkresse!

Für frische, großblättrige Brunnenkresse könnte man wirklich fast nach Paris reisen. In der Provinz wird sie so gut wie nie angeboten. Dies mag einerseits daran liegen, dass sie sich, einmal geschnitten, kaum zwei Tage lang hält. Dann verliert sie den Geschmack und bleicht aus. Sie im Garten anzubauen, wenn man nicht zufällig über ein fließendes Gewässer verfügt, ist allerdings ebenso schwierig. Als wir vor ungefähr zehn Jahren einen Badeteich mit Bachzulauf bauten, war mein erster Gedanke: Jetzt baue ich Brunnenkresse an. Ich kaufte den Samen, was schon nicht ganz einfach war, da er keinesfalls zu den gängigen Sorten gehört, und stand dann plötzlich vor der Frage, wohin dieser eigentlich zu streuen sei. Direkt ins Wasser vielleicht? Das kam mir eher unwahrscheinlich vor. Ich säte die Brunnenkresse also in kleinen Tontöpfen aus und stellte sie, nachdem die Pflänzchen gut durchgewurzelt waren, mit dem Topf in den Bach, klemmte den Topf zwischen zwei Steine und wartete ungeduldig. In den ersten Tagen schaute ich gleich mehrmals nach, aber nach ein paar Tagen schob sich ein anderes «Projekt» dazwischen und ich vergaß meinen Kressetopf.
Wie groß war meine Überraschung, als ich nach ein paar Wochen einen herrlichen, saftig grünen, schwimmenden Teppich im Bach vorfand, dessen Blätter den schönsten Kressegeschmack auf der Zunge zurückließen, den ich je gespürt hatte. Nun hat nicht jeder einen Badeteich, aber ein kleines Fließgewässer, mit Umlaufpumpe, Miniteich und Bachlauf ist nicht sehr schwer anzulegen und auch einigermaßen erschwinglich. Für den Anbau der Brunnenkresse lohnt sich der Aufwand allemal! Oder könnte es möglich sein, dass man für das gleiche Geld einmal wöchentlich einen Strauß Brunnenkresse auf dem Pariser Markt kaufen kann?

Mein Tipp für Sie:

Salat aus frischer Brunnenkresse mit Streifen von frischem Lachs, lauwarmen Wachteleiern, Fleur de Sel und rosa Pfefferkörnern.

Brunnenkresse am fließenden, klaren Bach – Vitamine den ganzen Sommer über bis zum ersten Frost.

Weinraute – Gruß aus Pommern

Ruta graveolens, die Weinraute, war mir bis zum Rosenfestival im Jahr 2002 vollkommen unbekannt. Jane Schul aus Dänemark, die den Harkness-Rosengarten entwarf, hatte sie in großen Mengen eingeplant. Zusammen mit dem graublauen *Eryngium* und dem grauen Strandhafer betonte die Weinraute die Wirkung der Rosen in feurigem Rot und Orange.
Dass mir die Weinraute zum ersten Mal als dekorative Zierpflanze begegnete, ist nicht ungewöhnlich, weil sie als solche fast ausschließlich genutzt wird. Dass man sie essen kann, erfuhr ich erst durch meine Schwiegermutter, die bei einem Rundgang durch die Gärten plötzlich begeistert vor ihr stehen blieb und ausrief: «Rautenbutter war das Lieblingsgericht meines Vaters!»
Sie nahm eine Handvoll hellgrüner, junger Blätter mit und bereitete eine kleine Portion Rautenbutter zu. Da mein Instinkt mir angesichts der silbriggrauen Pflanze nahelegte, diese für giftig zu halten, schlug ich zunächst in meinen Pflanzenbüchern nach, um sicher zu gehen, dass sie auch wirklich essbar sei.
Dort fand ich unter anderem: *Ruta graveolens* – Weinraute, Weihraute, Gertrudenkraut, Totenkraut. Mittel gegen Schlangenbisse und Gifte. Schutz vor dem bösem Blick und der Pest. Nach einer Delikatesse klang das nicht gerade. An anderer Stelle las ich: «An heißen Tagen können die Blätter bei Berührung Hautausschlag verursachen. Die früher zu Heilmitteln verarbeiteten Blätter sind in größeren Mengen und während der Schwangerschaft nicht ungefährlich.» Immerhin, essbar schien sie zu sein. Und meine Schwiegermutter hatte ihren Genuss auch überlebt. Heute zählt die «Pommersche Rautenbutter», die ich aus jungen, frischen Blättern, Fleur de Sel und Butter zubereite, zu frischen Kartoffeln, Spargel, gedünstetem Fisch und Filetsteak oder aber auf frischem, hauchdünnem Graubrot, zu meinen Lieblingsgerichten.

Mein Tipp für Sie:

Schneiden Sie immer einige Zweige der Weinraute zurück, damit Sie jederzeit frische, hellgrüne Blättchen zur Verfügung haben. Die älteren, grauen Blätter sind sehr bitter und auch nicht bekömmlich.

Die Weinraute (*Ruta graveolens*) ist nicht nur dekorativ, sondern schmeckt auch köstlich zu Fisch und Fleisch!

Ab in die Suppe! Koriander – der Orientale

Zucchini ist das Gemüse, das am schnellsten wächst, den größten Ertrag erzielt, den geringsten Arbeitseinsatz fordert, absolut krankheitsresistent ist, wunderschön blüht und, wenn man es zulässt, durch den ganzen Garten wandert. Sowohl die Blüte, im Teigmantel in Fett ausgebacken, als auch die Frucht bieten vielfältigen Genuss. Es ist wahrhaftig das Gemüse schlechthin. Aber irgendwann wird es immer zuviel, die Zucchiniinvasion in Garten, Speisekammer und Küche führt zu Überdruss. Das ist die Stunde der Suppe. Die leuchtende Farbe der gelben Zucchini inspirierte mich zu einer orientalischen Suppe mit Ingwer, Curry und großen Mengen Korianderblättern. Koriander heißt in Marokko «Kasbour», was an «Kasbah» erinnert und das Geheimnis des Orients heraufbeschwört. Koriander wird in Marokko überall verwendet und er lässt sich problemlos aus Samen ziehen. Man muss nur darauf achten, dass man ihn in Abständen immer wieder neu aussät, weil er sehr schnell «schießt»und zu blühen beginnt.

Die orientalische Zucchinisuppe lässt sich kinderleicht zubereiten. Man schneidet Zucchiniwürfel, Kartoffeln, frische Schalotten und Ingwerstücke, glasiert sie in Öl, streut reichlich Currypulver, Fleur de Sel, Pfeffer, Kreuzkümmel, Korianderkörner und Limonenscheiben darüber, lässt es kurz «schmoren», löscht dann mit Geflügel- oder Gemüsebrühe und flüssiger Sahne ab. Nun reichlich Korianderblätter hinzufügen und alles eine Weile «köcheln» lassen. Wenn man über ein Glas «Lime Pickle» verfügt, sollte man unbedingt ein wenig davon hinzufügen. Schließlich nimmt man die Limonenscheiben heraus, schickt das Ganze durch den Mixer, verfeinert es mit geschlagener Sahne und streut Korianderblätter und Safranfäden hinein. Ich bereite während der Zucchiniinvasion literweise Suppenessenzen, die dann im Winter nur noch verfeinert und nachgewürzt werden müssen.

Mein Tipp für Sie:

Da Koriander sehr schnell zu blühen beginnt, sollte man ihn, ähnlich wie Dill, in dreiwöchigen Abständen während des ganzen Sommers aussäen.

Die Sinnlichkeit von Safranfäden ist einfach unwiderstehlich. Es wird immer gesagt, man solle nur ein oder zwei Fäden verwenden. Ich nehme ein ganzes Päckchen! Am schönsten sieht es aus, wenn das Rot der Fäden allmählich in das dunkle Safrangelb übergeht.

Verdrehte Welt – Blumen zum Essen und Gemüse im Beet

Ich finde es nicht nur exzentrisch Blüten zu essen, sondern sogar «kannibalisch». Blüten sind für Auge und Nase gemacht, man liebt ihre Form, ihre Farbe und ihren Duft. In verarbeiteter Form, wie zum Beispiel beim Rosengelee oder Holundersirup genieße ich Blüten durchaus, aber ein Salat aus Gänseblümchen, Schafgarbe, Stockrosen oder Taglilienblüten oder ein Butterbrot mit Gänseblümchen erfüllt mich mit Schrecken. Die wunderschönen Blüten der Kapuzinerkresse, die leuchtenden Blätter der Ringelblume oder gar die blaue Blüte der Zichorie werde ich niemals essen, frittierte Zucchiniblüten hingegen sind ein Hochgenuss. Fuchsiensalat, Nachtkerze mit Frischkäse gefüllt oder Salat mit Primeln und Veilchen lösen Befremden aus, wohingegen kandierte Veilchen Erinnerungen aus der Kindheit heraufbeschwören und schon deshalb eine ganz eigene Poesie und Schönheit ausstrahlen. Diese Hemmschwelle, die ich zu überwinden nicht bereit bin, gilt für mich persönlich und ich bin weit davon entfernt, mein Urteil als allgemeingültig zu betrachten. Wer Freude am Genuss dieser «Blumengesichter» hat, dem möchte ich sie nicht verderben. Bei mir löst der Anblick dieser so vertrauensvoll und eigenwillig dreinblickenden Köpfe ein Gefühl der Bewunderung und des Respekts aus, was mir ein Hineinbeißen unmöglich macht.

Die Verwendung von Gemüse als Beetschmuck hingegen beflügelt meine Fantasie. Die Farbvielfalt ermöglicht überraschende und außergewöhnliche Kombinationen. Kräuter wie Salbei, Fenchel, Baldrian und Engelwurz gehören selbstverständlich zum Repertoire und bedürfen keiner besonderen Erwähnung. Purpurfarbener Grünkohl, Feuerbohnen, Ziermais, Mangold mit roten oder leuchtend gelben Stängeln und die grüne Süßkartoffel eignen sich für eine Kombination mit einjährigen Sommerblumen. Artischocken und die fast schwarze Süßkartoffel passen sogar in Staudenbeete und zu Rosen.

Mein Tipp für Sie:

Frittierte Zucchiniblüten zu gegrilltem Seeteufel oder Zander, der zuvor in eine Ingwer-Curry-Marinade eingelegt wird – die Vorspeise für die Zucchinisaison.

Elegante Borretschblüten in einer geeisten Gurkensuppe! Unterkühlter Charme für warme Sommerabende im Freien.

«Summerpudding» – Schwarze Johannisbeeren, nicht nur der Farbe wegen

Das Wort «Pudding» kommt aus England und bezeichnet dort sowohl salzige als auch süße, kalte oder warme Speisen, die Fleisch, Brot, Obst oder Gemüse enthalten können. «Black Pudding» ist eine Art Blutwurst. Mit Schwarzen Johannisbeeren hat er nichts zu tun. «Plum Pudding», «Christmas Pudding», «Yorkshire Pudding» – der Gedanke an Steine im Magen und nächtliches Hin- und Herwälzen drängt sich hier auf. Aus meiner Kindheit kenne ich den Brotpudding. Meine Mutter bereitete ihn zu, wenn alter Sonntagskuchen zu «verkommen» drohte, ähnlich wie die «Armen Ritter», in Milch und Ei eingelegte Rosinenbrotscheiben, die kurz vor dem «Hühnerfutterstadium» auf den Teller gebracht wurden.
«Summerpudding» lernte ich in Schottland kennen. Meine anfängliche Skepsis hinsichtlich der Zutaten, Schwarze Johannisbeeren und labberiges Weißbrot, wich nach dem ersten Bissen. Die Wellen fetter «Double Cream», die sich unter einer dicken Schicht braunem Zucker über die schwarzrote Masse schoben, waren an diesem Geschmackserlebnis allerdings nicht unerheblich beteiligt. Am «Summerpudding» scheiden sich die Geister. Wer den herben Fruchtgeschmack nicht mag und zudem noch Unbehagen empfindet, wenn er in eine Masse beißt, die nassem Schaumgummi gleicht, wird ihn nicht mögen. Für mich ist er die Krönung eines schönen Sommertages. Die Schwarzen Johannisbeeren werden mit Zucker erhitzt und durch ein Sieb gestrichen. Mit dem entrindeten Weißbrot wird eine Schüssel ausgelegt, die Fruchtmasse und das Brot werden geschichtet, bis das Brot vollständig getränkt ist. Auf die Schüssel legt man einen Teller, der die vollgesogenen Brotscheiben zusammenpresst, und stellt sie über Nacht in den Kühlschrank. Auf einen Teller stürzen und eiskalt mit einer Mischung aus Sahnequark, Crème fraîche und flüssiger Sahne, einem herrlichen Ersatz für Double Cream, und braunem Zucker genießen.

Mein Tipp für Sie:

Marmelade aus Schwarzen Johannisbeeren mit Cassislikör oder Sorbet aus Schwarzen Johannisbeeren und Cassis mit Prosecco – der Sommerhit!

Das hätte wahrhaft den Namen «Götterspeise» verdient! Es ist aber wohl eher etwas für Göttinnen, denn Männer mögen meistens keine Schwarzen Johannisbeeren. Nicht süß genug!

25km

DER KREIS SCHLIESST SICH: EIN GARTEN FÜR KINDER

«Wer Träume verwirklichen will, muss wacher sein und tiefer träumen als andere.»

KARL FOERSTER

Glück pur! Alle vier Datschen, die Fischerhütte, dieses Bauernhaus sowie das Hühner- und Gänseglück stammen von dem Künstler Silvan Luth.

Oben: «Die kapitolinischen Gänse» weckten uns während der Gartensaison 2004 an jedem Morgen!

Unten: Meine Nichte Joséphine.

Der Duft der Kindheit

Auch der Duft blühender Linden weckt in mir Kindheitserinnerungen. An einem hohen, dicken Ast einer Linde hing unsere Schaukel. Wenn man mit Schwung in die Höhe sauste, verschwand man in den weichen, blühenden Lindenzweigen und war eingehüllt in deren süßlichen Duft. Die Apfel- und Birnbäume der Obstwiesen konnte ich mit verbundenen Augen erklettern, jeden Ast, jede Gabelung kannte ich im Schlaf. Der harzige Duft und das Rauschen der Kiefern unter dem blauen Himmel oder der Geruch frischer Buchenblätter beim Bau unserer Laubhütten ist mir ebenso gut im Gedächtnis geblieben wie der erdige Geruch der Tannenwälder und der feuchte, klamme, fast schimmelig riechende Boden der Birkenwälder, die wir auf der Suche nach Maronen und Pfifferlingen durchstreiften. Bei Regen bauten wir Dämme für das Wasser, das aus dem Regenrohr strömte. Wir spielten im Stroh, in der Sandkuhle, am Teichufer oder auf dem Pumpenhaus. Wir scheuchten Hühner, flohen vor dem zischenden Ganter, jagten Kühe, ritten auf dem Pferd, das die Milchkannen auf die Wiese brachte, spielten im Heu und auf den alten Dreschmaschinen, Heuwendern und Traktoren. Wir spielten «Steinelaufen» auf dem Rondell vor dem Gutshaus, balancierten auf den Holzstapeln, die am Wegesrand lagen, fingen Kaulquappen, Frösche und junge Vögel. Aus alten Kanistern, Treckerreifen und Brettern bauten wir Flöße, die regelmäßig kenterten, wenn wir uns gerade mitten auf dem Teich befanden.
In der Kindheit wird der Erinnerungsspeicher gefüllt, von dem man ein ganzes Erwachsenenleben zehrt. Wenn in diesem Speicher nur bunter Plastikmüll, Fernsehbilder und Computerspiele gespeichert werden, ist es um das Erwachsenenleben schlecht bestellt.

«Drei Dinge sind uns aus dem Paradies geblieben: die Sterne der Nacht, die Blumen des Tages und die Augen der Kinder.»

DANTE ALIGHIERI

Entfalten lassen, was sich entfalten möchte

Es ist keine Frage der Größe eines Gartens, es ist das Verhalten der Erwachsenen, das die Entfaltung der kindlichen Kreativität ermöglicht oder verhindert. Es muss keine Sandkuhle sein und auch kein Gutshof mit Feld, Wald und Wiese. Ein Sandkasten, den man an warmen Tagen unter Wasser setzen darf, ein paar Bäume zum Klettern und etwas Rasen für Ballspiele genügen.
Glattes, buntes, neues und lebloses Material ist ungeeignet; Mauern, Hecken, Sträucher, Stein- und Holzhaufen, Bretter und Pfähle, Blumen, Kräuter und Gemüse, kleine Tümpel und Bäche sind die Stoffe, die im Gedächtnis haften bleiben. Aus dichten Sträuchern kann man Zweige schneiden, die schöne Hütten ergeben, Bretter und Balken werden zu Baumhäusern, aus Steinen baut man Dämme, Brücken, Tunnel und Festungen, in denen man dann mit den Spielzeugbaggern, Lastwagen und Kippern Hoch- und Tiefbau betreibt. Holzstäbe, Zweige, Äste, Bänder, Stoff- und Papierstreifen, Kieselsteine, Beeren, Muscheln und Sand sind Materialien, die durch ihre sinnliche Wirkung zur Tätigkeit anregen und Bilder im Gedächtnis hinterlassen.
Im Küchengarten findet das Kind Käfer und andere Insekten, die Früchte isst es sonnengewärmt direkt vom Strauch und zieht seine ersten Radieschen aus Samen. Hühner, Enten, Schafe oder Kaninchen sind wunderbar, wenn genügend Platz da ist und die Eltern Lust und Zeit haben, dem Kind bei der Versorgung zu helfen. Es ist unsere Aufgabe, den Kindern die Umgebung, das Material und die Bilder bereitzustellen, mit denen sie ihren Erinnerungsspeicher füllen können. Der Versuchung, diesen Speicherprozess mit allerlei didaktischem Spielmaterial zu fördern und zu beeinflussen, sollten wir widerstehen. Die wichtigsten Faktoren bei diesem Prozess sind liebevolle Zuwendung, Zeit und Raum, Anschauung, Wiederholung, Bewegung, Erfahrung, Träumen, Ermunterung und Tätigsein.

Übernächste Doppelseite:
Der morbide Charme meines Gewächshauses; es ist voller Geheimnisse und erzählt «uralte Geschichten».

APRIL–MAI:

Name: *Fritillaria meleagris* **Schachblume, Kiebitzei**
Blütenfarbe: diverse Farben
Höhe: 30 cm
Kategorie: winterharte Zwiebelblume

MAI–JUNI:

Name: *Anthriscus sylvestris* | **Wiesenkerbel**
Blütenfarbe: weiß
Höhe: 80–100 cm
Kategorie: Staude

Name: *Aquilegia vulgaris* Hybriden **Akelei**
Blütenfarbe: diverse
Höhe: 60–70 cm
Kategorie: Staude

MAI–SEPTEMBER:

Name: *Centrantus ruber* | **Spornblume**
Blütenfarbe: rötlichrosa
Höhe: 60–90 cm
Kategorie: Staude

Name: *Gaura lindheimeri* | **Prachtkerze**
Blütenfarbe: weiß, rosa
Höhe: 90–110 cm
Kategorie: Staude (Winterschutz erforderlich)

JUNI–JULI:

Name: *Campanula persicifolia* **Pfirsichblättrige Glockenblume**
Blütenfarbe: weiß, hellblau
Höhe: 60–80 cm
Kategorie: Staude

JUNI–AUGUST:

Name: *Astrantia major* | **Sterndolde**
Blütenfarbe: weiß, purpurfarben
Höhe: 40–60 cm
Kategorie: Staude

Name: *Delphinium grandiflorum* ‹Blue Butterfly› | **Rittersporn**
Blütenfarbe: hellblau
Höhe: 40–60 cm
Kategorie: Staude

Name: *Digitalis purpurea* ‹Alba› **Fingerhut**
Blütenfarbe: weiß
Höhe: 100–120 cm
Kategorie: zweijährig

Name: *Geranium psilostemon* **Storchenschnabel**
Blütenfarbe: magenta
Höhe: 60–120 cm
Kategorie: Staude

Name: *Geum cocc.* ‹Red Wings› **Nelkenwurz**
Blütenfarbe: scharlachrot
Höhe: 50–60 cm
Kategorie: Staude

Name: *Linum usitatissimum* **Lein, Flachs**
Blütenfarbe: leuchtend hellblau
Höhe: 80–100 cm
Kategorie: einjährig

Name: *Papaver rhoeas* | **Klatschmohn**
Blütenfarbe: rot, rosa, weiß
Höhe: 50–60 cm
Kategorie: einjährig

JUNI–SEPTEMBER:

Name: *Centaurea cyanus* | **Kornblume**
Blütenfarbe: blau
Höhe: 60–90 cm
Kategorie: einjährig

Name: *Eschscholzia californica* **Kalifornischer Mohn**
Blütenfarbe: orange, pastellfarben
Höhe: 30–40 cm
Kategorie: einjährig

Name: *Knautia macedonica* | **Knautie**
Blütenfarbe: dunkel purpurrot
Höhe: 60–70 cm
Kategorie: Staude

Name: *Nepeta x faassenii* | **Katzenminze**
Blütenfarbe: blauviolett, weiß
Höhe: 50–60 cm
Kategorie: Staude

Name: *Nigella damascena* **Jungfer im Grünen**
Blütenfarbe: leuchtend blau, weiß
Höhe: 60 cm
Kategorie: einjährig

JULI–AUGUST:

Name: *Foeniculum vulgare* **Gartenfenchel**
Blütenfarbe: gelb, grün
Höhe: 150–200 cm
Kategorie: Staude

JULI–SEPTEMBER:

Name: *Cichorium intybus* **Wegwarte, Zichorie**
Blütenfarbe: hellblau
Höhe: 60–90 cm
Kategorie: Staude

Name: *Coreopsis tinctoria* **Mädchenauge, Schöngesicht**
Blütenfarbe: gelb, rot
Höhe: 60–90 cm
Kategorie: einjährig

Name: *Crocosmia x crocosmia* ‹Luzifer› **Montbretie**
Blütenfarbe: leuchtend rot
Höhe: 70–90 cm
Kategorie: winterhart, Knollen

Name: *Deschampsia caespitosa* **Rasenschmiele**
Blütenfarbe: grün, goldgelb
Höhe: 60–90 cm
Kategorie: winterhartes Gras

Name: *Eryngium planum* | **Edeldistel**
Blütenfarbe: blau
Höhe: 70–90 cm
Kategorie: Staude

Name: *Kalimeris incisa* | **Schönaster**
Blütenfarbe: weiß, rosa
Höhe: 100–120 cm
Kategorie: Staude

Name: *Macleya cordata* | **Federmohn**
Blütenfarbe: cremeorange
Höhe: 150–250 cm
Kategorie: Staude

Name: *Scabiosa gigantea (Cephalaria gigantea)* | **Schuppenkopf**
Blütenfarbe: hell schwefelgelb
Höhe: 150–200cm
Kategorie: Staude

Name: *Thalictrum aquilegiifolium* **Amstelraute**
Blütenfarbe: grünlich weiß
Höhe: 100 cm
Kategorie: Staude

Name: *Thalictrum delavayi* **Amstelraute**
Blütenfarbe: hellviolett, gelbe Staubgefäße
Höhe: 100–120cm
Kategorie: Staude

JULI–OKTOBER:

Name: *Cosmos bipinnatus* **Kosmee**
Blütenfarbe: weiß, rosa
Höhe: 100–150 cm
Kategorie: einjährig

Name: *Nicotiana x sanderae* ‹Dwarf White Bedder› **Ziertabak**
Blütenfarbe: weiß
Höhe: 40–60 cm
Kategorie: einjährig

Name: *Ratibida columnifera* ‹Mexican Heat›
Ratibida
Blütenfarbe: rubinrot-gelb
Höhe: 70–80 cm
Kategorie: einjährig

Name: *Sanguisorba officinalis*
Grosser Wiesenknopf
Blütenfarbe: purpurrot
Höhe: 100–120 cm
Kategorie: Staude

Name: *Verbena bonariensis* | **Verbene**
Blütenfarbe: intensiv rotviolett
Höhe: 100–120 cm
Kategorie: bedingt mehrjährig

AUGUST
Name: *Molinia caerulea* | **Pfeifengras**
Blütenfarbe: violett
Höhe: 50–70 cm
Kategorie: winterharte Gräser

AUGUST–SEPTEMBER
Name: *Anemone x Hybr.* ‹Honorine Jobert›
Herbstanemone
Blütenfarbe: weiß
Höhe: 60–100 cm
Kategorie: Staude

Name: *Briza media* | **Zittergras**
Höhe: 40–50 cm
Kategorie: winterhartes Gras

Name: *Persicaria orientalis*
Orientknöterich
Blütenfarbe: purpurviolett
Höhe: 100–120 cm
Kategorie: Staude

SONSTIGE:
Name: *Miscanthus sinensis* ‹Gracillimus›
Chinaschilf
Höhe: 100–150 cm
Kategorie: winterharte Gräser

Pflanzenempfehlungen zu Tragende Säulen, Seite 46–47

APRIL:
Name: *Bergenia cordifolia* | **Bergenia**
Blütenfarbe: rosa
Höhe: 30–40 cm
Kategorie: Staude

Name: *Darmera* | **Schildblatt**
Blütenfarbe: rosa
Höhe: 100–150 cm
Kategorie: Staude

JUNI–JULI:
Name: *Rheum palmatum* | **Zierrhabarber, Tangutischer Rhabarber**
Blütenfarbe: rot, gelblichgrün
Höhe: 150–200 cm
Kategorie: Staude

JULI:
Name: *Agapanthus*
Schmucklilie, Liebesblume
Blütenfarbe: blau, weiß
Höhe: 80–100 cm
Kategorie: nicht winterharte Staude

AB JULI:
Name: *Inula helenium* | **Alant**
Blütenfarbe: gelb
Höhe: 100–150 cm
Kategorie: Staude

JULI–AUGUST:
Name: *Acanthus mollis* | **Akanthus**
Blütenfarbe: dunkelrosa, weiß
Höhe: 120–150 cm
Kategorie: Staude

Name: *Angelica archangelica* | **Engelwurz**
Blütenfarbe: weiß
Höhe: 150–200 m
Kategorie: Staude

Name: *Crambe maritima* | **Meerkohl**
Blütenfarbe: weiß
Höhe: Blätter 50 cm, Blüte 2 m
Kategorie: Staude

Name: *Euphorbia griffithii* | **Wolfsmilch**
Blütenfarbe: gelb-orange
Höhe: 80–100 cm
Kategorie: Staude

Name: *Hosta fortunei* | **Funkie**
Blütenfarbe: lavendelfarben
Höhe: 50–60 cm
Kategorie: Staude

Name: *Macleya cordata* | **Federmohn**
Blütenfarbe: pastellorange
Höhe: 150–200 cm
Kategorie: Staude

Name: *Onopordum* | **Eselsdistel**
Blütenfarbe: violett
Höhe: 200–300 cm
Kategorie: zweijährig

Name: *Yucca* | **Palmlilie**
Blütenfarbe: weiß
Höhe: 90–130 cm
Kategorie: Staude

JULI–OKTOBER:
Name: *Canna* | **Blumenrohr**
Blütenfarbe: gelb und Rottöne
Höhe: 60–130 cm
Kategorie: nicht winterharte Rhizomstaude

Name: *Zinnia* | **Zinnie**
Blütenfarbe: alle Farben
Höhe: 80–120 cm
Kategorie: einjährig

AUGUST:
Name: *Eryngium giganteum*
Elfenbeindistel
Blütenfarbe: blau, blassgrün
Höhe: 100 cm
Kategorie: zweijährig

AUGUST–SEPTEMBER:
Name: *Sedum spectabile*
Fetthenne
Blütenfarbe: rosa
Höhe: 50 cm
Kategorie: Staude

AUGUST–OKTOBER:
Name: *Caryopteris* | **Bartblume**
Blütenfarbe: leuchtend blau
Höhe: 100 cm
Kategorie: Halbstrauch

SONSTIGE:
Name: *Arundo donax*
Pfahlrohr, Riesenschilf
Höhe: bis zu 600 cm
Kategorie: Rhizomgräser

Name: *Carex elata* | **Segge**
Höhe: 70–100 cm
Kategorie: winterharte Gräser

Name: *Leymus arenarius*
Strandroggen
Farbe: silbriges Gras
Höhe: 60–100 cm
Kategorie: winterharte Gräser

Name: *Phormium tenax*
Neuseeländer Flachs
Höhe: 100–150 cm
Kategorie: nicht winterhart

Pflanzenempfehlungen zu Lush Style, Seite 49

FRÜHJAHR:

Name: *Darmera* | **Schildblatt**
Blütenfarbe: zartrosa
Höhe: 100–130 cm
Kategorie: Staude

APRIL–MAI:

Name: *Fritillaria imperialis* ‹Aurora›
Kaiserkrone
Blütenfarbe: orange und gelb
Höhe: 60–100 cm
Kategorie: winterharte Zwiebel

APRIL–NOVEMBER:

Name: *Calendula officinalis*
Gartenringelblume
Blütenfarbe: gelb und orange
Höhe: 40–60 cm
Kategorie: einjährig

JUNI–AUGUST:

Name: *Angelica archangelica* | **Engelwurz**
Blütenfarbe: grünlich, weiß
Höhe: 120–150 cm
Kategorie: Staude

JUNI–NOVEMBER:

Name: *Eccremocarpus scaber* | **Schönranke**
Blütenfarbe: orange
Höhe: rankend
Kategorie: einjährig

JULI–SEPTEMBER:

Name: *Atriplex hortensis* var. *atrosanguinea*
Rote Gartenmelde
Blütenfarbe: purpurfarbene Blätter und Stängel
Höhe: 100–120 cm
Kategorie: einjährig

Name: *Cosmos sulphureus*
Gelbe Kosmee
Blütenfarbe: leuchtend gelborange
Höhe: 60–100 cm
Kategorie: einjährig

Name: *Crocosmia x crocosmiiflora* ‹Luzifer›
Montbretie
Blütenfarbe: leuchtend dunkelorange
Höhe: 90 cm
Kategorie: winterhart – Frostschutz bei sehr harten Wintern

Name: *Datura (Brugmansia)*
Engelstrompete, Stechapfel
Blütenfarbe: gelborange
Höhe: 90–150 cm
Kategorie: nicht winterharte Sträucher

Name: *Eremurus x isabellinus* ‹Shelford›-*Hybriden*
Steppenkerze
Blütenfarbe: gelborange
Höhe: 100–130 cm
Kategorie: Stauden

Name: *Glaucium flavum*
Gelber Hornmohn
Blütenfarbe: gelborange, graue Blätter
Höhe: 40–50 cm
Kategorie: Staude/zweijährig

Name: *Hemerocallis* | **Taglilie**
Blütenfarbe: diverse leuchtende Farben
Höhe: 60 cm
Kategorie: Stauden

Name: *Kniphofia* | **Fackellilie**
Blütenfarbe: leuchtend gelborange
Höhe: 90–100 cm
Kategorie: Staude

Name: *Phaseolus coccineus* ‹Achievement›
Prunkbohne
Blütenfarbe: leuchtend orange
Höhe: rankend
Kategorie: einjährig

Name: *Ricinus communis* ‹Carmencita›
Rizinus, Wunderbaum
Blütenfarbe: dunkelrotes Blatt und Blüte
Höhe: 150–200 cm
Kategorie: einjährig

JULI–OKTOBER:

Name: *Arctotis* | **Bärenohr**
Blütenfarbe: orangegelb
Höhe: 30–40 cm
Kategorie: einjährig

Name: *Canna* | **Blumenrohr**
Blütenfarbe: leuchtend gelb und orange
Höhe: 80–130 cm
Kategorie: nicht winterharte Rhizomstaude

Name: *Gazania* | **Gazanie**
Blütenfarbe: gelborange
Höhe: 20–30 cm
Kategorie: einjährig

JULI BIS ZUM FROST:

Name: *Dahlia* ‹Bishop of Llandaff›
Dahlie
Blütenfarbe: leuchtend scharlachrot, dunkles Blatt
Höhe: 60–90 cm
Kategorie: nicht winterharte Knollen

AUGUST–SEPTEMBER:

Name: *Campsis radicans*
Amerikanische Klettertrompete
Blütenfarbe: tieforange
Höhe: rankend
Kategorie: winterhart, sommergrün

Name: *Humulus lupulus* ‹Aureus›
Hopfen
Blätterfarbe: gelblich grün
Höhe: rankend
Kategorie: Staude

Name: *Tropaeolum tuberosum* ‹Ken Aslet›
Knollenkapuzinerkresse
Blütenfarbe: leuchtend orange
Höhe: 60 cm
Kategorie: nicht winterharte Knollen

SCHÖNER BLATTSCHMUCK:

Name: *Cordyline australis* ‹Purpurea›
Keulenlilie
Blütenfarbe: bräunlich purpurfarbenes Blatt
Höhe: 60 cm
Kategorie: nicht winterhart, mehrjährig

Name: *Ipomea batatas* ‹Purpurea›
Süßkartoffel
Blütenfarbe: purpurfarbenes, fast schwarzes Blatt
Höhe: 30 cm
Kategorie: einjährig

APRIL–MAI:

Name: *Erysimum* syn. *Cheiranthus cheiri* **Goldlack**
Blütenfarbe: diverse
Höhe: 40–60 cm
Kategorie: zweijährig

MAI–JUNI:

Name: *Dianthus barbatus* | **Bartnelke**
Blütenfarbe: diverse
Höhe: 40–60 cm
Kategorie: zweijährig bis ausdauernd

Name: *Myotis sylvatica* **Vergissmeinnicht**
Blütenfarbe: leuchtend blau
Höhe: 20 cm
Kategorie: zweijährig

JUNI–JULI:

Name: *Digitalis purpurea* ‹Alba› **Fingerhut**
Blütenfarbe: weiß
Höhe: 90–130 cm
Kategorie: zweijährig

Name: *Hesperis matronalis* | **Nachtviole**
Blütenfarbe: flieder-weiß
Höhe: 80–100 cm
Kategorie: zweijährig bis ausdauernd

JUNI–SEPTEMBER:

Name: *Viola tricolor nigra* ‹Bowles Black› **Stiefmütterchen**
Blütenfarbe: purpur-schwarz
Höhe: 15–20 cm
Kategorie: zweijährig

JULI–AUGUST:

Name: *Salvia sclarea* | **Muskatellersalbei**
Blütenfarbe: hell-violett
Höhe: 60–80 cm
Kategorie: zweijährig

JULI–SEPTEMBER:

Name: *Alcea rosea plena* | **Stockrose**
Blütenfarbe: diverse
Höhe: 120–150 cm
Kategorie: zweijährig bis ausdauernd

Name: *Verbascum* | **Königskerze**
Blütenfarbe: diverse
Höhe: 80–150 cm
Kategorie: zweijährig bis ausdauernd

JULI–OKTOBER:

Name: *Verbena bonariensis* | **Verbene**
Blütenfarbe: leuchtend violett
Höhe: 90–120 cm
Kategorie: zweijährig bis ausdauernd

Pflanzenempfehlungen zu Das Wunder aus der Samentüte, Seite 54–55

JULI–SEPTEMBER:

Name: *Antirrhinum* ‹Jamaican Mist› **Löwenmäulchen**
Blütenfarbe: Pastelltöne, gemischt
Höhe: 40–50 cm
Kategorie: einjährig

Name: *Centaurea cyanus* ‹Black Ball› **Kornblume**
Blütenfarbe: purpurschwarz
Höhe: 60 cm
Kategorie: einjährig

Name: *Helichrysum* | **Strohblume**
Blütenfarbe: Mischung
Höhe: 80–90 cm
Kategorie: einjährig

Name: *Nigella damascena* ‹Mrs. Jeckyll› **Jungfer im Grünen**
Blütenfarbe: leuchtend blau
Höhe: 40–70 cm
Kategorie: einjährig

Name: *Papaver somniferum* ‹Black Peony› **Mohn**
Blütenfarbe: fast schwarz
Höhe: 60–90 cm
Kategorie: einjährig

Name: *Ratibida columnifera* ‹Red Midget› **Ratibida**
Blütenfarbe: tizianrot und gelb
Höhe: 40–50 cm
Kategorie: einjährig

JULI–OKTOBER:

Name: *Cleome spinosa* ‹Helen Campbell› **Spinnenblume**
Blütenfarbe: weiß
Höhe: 100 cm
Kategorie: einjährig

Name: *Cosmos bipinnatus* ‹Purity› **Kosmee**
Blütenfarbe: weiß
Höhe: 80–100 cm
Kategorie: einjährig
Name: *Cosmos sulphureus* ‹Polidor› **Kosmee**
Blütenfarbe: gelb-orangerot
Höhe: 60–80 cm
Kategorie: einjährig

Name: *Ipomea purpurea* ‹Heavenly Blue› **Prunkwinde**
Blütenfarbe: leuchtend hellblau
Höhe: rankend
Kategorie: einjährig

Name: *Lathyrus odoratus* | **Gartenwicke**
Blütenfarbe: alle Farben!
Höhe: rankend
Kategorie: einjährig

Name: *Nicotiana x sanderae* ‹Sensation Mischung› | **Ziertabak**
Blütenfarbe: weiß-rot
Höhe: 60–90 cm
Kategorie: einjährig

Name: *Rudbeckia hirta* ‹Green Eyes› **Sonnenhut**
Blütenfarbe: gelb mit grünem Auge
Höhe: 60–80 cm
Kategorie: einjährig

Name: *Tithonia rotundifolia* **Mexikanische Sonnenblume**
Blütenfarbe: kräftig orange-rot
Höhe: 70–100 cm
Kategorie: einjährig

Name: *Zinnia elegans* | **Zinnie**
Blütenfarbe: alle Farben!
Höhe: 80–120 cm
Kategorie: einjährig

JULI BIS ZUM FROST:

Name: *Tropaeolum majus* ‹Black Velvet› **Kapuzinerkresse**
Blütenfarbe: tizianrot
Höhe: bleibt niedrig
Kategorie: einjährig

Name: *Tropaeolum majus* ‹Milkmaid› **Kapuzinerkresse**
Blütenfarbe: cremefarben
Höhe: bleibt niedrig
Kategorie: einjährig

Name: *Tropaeolum majus* ‹Strawberry Ice› **Kapuzinerkresse**
Blütenfarbe: hellorange mit Rot
Höhe: bleibt niedrig
Kategorie: einjährig

Pflanzenempfehlungen zu Grün vor Neid, Seiten 78–79

JANUAR–MÄRZ:

Name: *Helleborus foetidus* **Stinkende Nieswurz**
Blütenfarbe: blassgrün, purpurfarben
Höhe: 30 cm
Kategorie: Staude

Name: *Helleborus x ericsmithii* ‹HGC Silvermoon› | **Lenzrose**
Blütenfarbe: cremeweiß, hellgrün
Höhe: 40 cm
Kategorie: Staude

Name: *Helleborus x nigercors* ‹HGC Green Corsican› | **Lenzrose**
Blütenfarbe: weiß, grün
Höhe: 60 cm
Kategorie: Staude

MÄRZ–APRIL:

Name: *Fritillaria graeca* | **Fritillarie**
Blütenfarbe: grün, purpur
Höhe: 20 cm
Kategorie: winterharte Zwiebel

APRIL:

Name: *Fritillaria acmopetala* | **Fritillarie**
Blütenfarbe: purpurfarben, grün
Höhe: 40 cm
Kategorie: winterharte Zwiebel

Name: *Fritillaria elwesii* | **Fritillarie**
Höhe: 30–50 cm
Kategorie: winterharte Zwiebel

Name: *Fritillaria stribrnyi* | **Fritillarie**
Blütenfarbe: grün, purpur
Höhe: 20–30 cm
Kategorie: winterharte Zwiebel

APRIL–MAI:

Name: *Fritillaria pontica* | **Fritillarie**
Blütenfarbe: grün
Höhe: 20–30 cm
Kategorie: winterharte Zwiebel

Name: *Paris quadrifolia* | **Einbeere**
Blütenfarbe: grün
Höhe: 40 cm
Kategorie: winterharte Rhizomstaude

MAI:

Name: *Tulipa* ‹Spring Green› | **Tulpe**
Blütenfarbe: grün, weiß
Höhe: 50 cm
Kategorie: winterharte Zwiebel

MAI–JUNI:

Name: *Allium* ‹Haire› | **Zierlauch**
Blütenfarbe: purpurfarben, grün
Höhe: 35 cm
Kategorie: winterharte Zwiebel

Name: *Polygonum canaliculatum* **Duftender Salomonssiegel**
Blütenfarbe: grünlich, weiß
Höhe: 90–100 cm
Kategorie: Staude

MAI–SEPTEMBER:

Name: *Alchemilla mollis* | **Frauenmantel**
Blütenfarbe: grünlich gelb
Höhe: 40 cm
Kategorie: Staude

JUNI–JULI:

Name: *Hymenocallis* ‹Sulphur Queen› **Ismene**
Blütenfarbe: gelblich grün
Höhe: 50 cm
Kategorie: nicht winterharte Zwiebel

JUNI–AUGUST:

Name: *Angelica archangelica* | **Engelwurz**
Blütenfarbe: grünlich, weiß
Höhe: 120–150 cm
Kategorie: Staude

Name: *Aquilegia x hybrida* ‹Green Apples› **Akelei**
Blütenfarbe: limonengrün
Höhe: 60 cm
Kategorie: Staude

Name: *Euphorbia polycroma* ‹Major› **Goldwolfsmilch**
Blütenfarbe: gelblichgrün
Höhe: 50 cm
Kategorie: Staude

JUNI–OKTOBER:

Name: *Rosa* ‹Lovely Green› | **Beetrose**
Blütenfarbe: cremeweiß, grün
Höhe: 60–70 cm
Kategorie: Rose Meilland/BKN Strobel 2004

Name: *Rosa chinensis* ‹Viridiflora› **Grüne Rose, Chinarose**
Blütenfarbe: hellgrün, rötlich braun
Höhe: 100–120 cm
Kategorie: Rose

JULI–AUGUST:

Name: *Amaranthus* | **Grüner Amaranth**
Blütenfarbe: grün, creme
Höhe: 80–90 cm
Kategorie: einjährig

Name: *Eucomis bicolor* **Schopflilie, Ananaslilie**
Blütenfarbe: grün, cremeweiß
Höhe: 40–60 cm
Kategorie: nicht winterharte Zwiebel

Name: *Kniphofia* ‹Percy's Pride›, *K.* ‹Lemon Green› | **Fackellilie**
Blütenfarbe: gelblich grün, hellgelb
Höhe: 70–80 cm
Kategorie: Stauden

Name: *Veratrum viride, Veratrum album* **Germer**
Blütenfarbe: blassgrün
Höhe: 150–200 cm
Kategorie: Staude

JULI–SEPTEMBER:

Name: *Asthrantia major* **Sterndolde**
Blütenfarbe: cremefarben
Höhe: 60–80 cm
Kategorie: Staude

Name: *Cyperus albostriatus* **Zypergras**
Blütenfarbe: gelbgrün
Höhe: 60 cm
Kategorie: winterharte Gräser

Name: *Molucella laevis* **Muschelblume**
Blütenfarbe: grünlich, weiß
Höhe: 100 cm
Kategorie: einjährig

Name: *Nicotiana* ‹Lime Green› **Ziertabak**
Blütenfarbe: kräftig pastellgrün
Höhe: 60–80 cm
Kategorie: einjährig

Name: *Nicotiana langsdorffii* **Ziertabak**
Blütenfarbe: pastellgrün
Höhe: 80–90 cm
Kategorie: einjährig

JULI–OKTOBER:

Name: *Carex grayi* **Morgensternsegge**
Blütenfarbe: blassgrün
Höhe: 60 cm
Kategorie: winterharte Gräser, frostempfindlich!

Name: *Rudbeckia hirta* ‹Green eyes› **Rudbeckie, Sonnenhut**
Blütenfarbe: gelb mit grünem Auge
Höhe: 60–80 cm
Kategorie: einjährig

Name: *Zinnia elegans* ‹Envy› | **Zinnie**
Blütenfarbe: pastellgrün
Höhe: 60–80 cm
Kategorie: einjährig

AUGUST–SEPTEMBER:

Name: *Galtonia viridiflora* **Sommerhyazinthe**
Blütenfarbe: hellgrün
Höhe: 100 cm
Kategorie: nicht winterharte Zwiebel

Name: *Humulus lupulus* ‹Aureus› **Hopfen**
Blütenfarbe: gelblich grüne Blätter
Höhe: rankend
Kategorie: Staude

AUGUST–OKTOBER:

Name: *Gladiolus* ‹Green Star› | **Gladiole**
Blütenfarbe: hellgelb, grün
Höhe: 80–100 cm
Kategorie: nicht winterharte Zwiebel

Pflanzenempfehlungen zu Orange macht glücklich, Seiten 80-81

MÄRZ–APRIL:

Name: *Tulipa* (diverse Arten und Sorten) **Tulpe**
Blütenfarbe: orange
Blattfarbe: graugrün

MÄRZ–MAI:

Name: *Erysimum cheiri* syn. *Cheiranthus* **Goldlack**
Blütenfarbe: gelb, orange-bronzerot
Blattfarbe: grün
Höhe: 30–50 cm
Kategorie: zweijährig

Name: *Hippophae* | **Sanddorn**
Blütenfarbe: leuchtend orange
Blattfarbe: silbriggrau
Höhe: bis 6 m
Kategorie: Strauch

APRIL–MAI:

Name: *Fritillaria imperialis* ‹Aurora› **Fritillarie**
Blütenfarbe: orange, gelb
Höhe: 60–100 cm
Kategorie: winterharte Zwiebel

MAI–AUGUST:

Name: *Glaucium flavum* **Gelber Hornmohn**
Blütenfarbe: gelborange
Blattfarbe: silbriggrau
Höhe: 50 cm
Kategorie: zweijährig

Name: *Papaver nudicaule* | **Island Mohn**
Blütenfarbe: orange
Blattfarbe: graugrün
Höhe: 40–50 cm
Kategorie: zweiäjhrig/einjährig

JUNI–JULI:

Name: *Agastache* ‹Apricot Sprite› **Duftnessel**
Blütenfarbe: orange
Blattfarbe: silbriggrau
Höhe: 40–40 cm
Kategorie: einjährig

Name: *Aquilegia vulgaris* Hybriden **Akelei**
Blütenfarbe: orange-zinnoberrot
Blattfarbe: graugrün
Höhe: 60–80 cm
Kategorie: Staude

Name: *Euphorbia griffithii* ‹Fireglow› **Wolfsmilch**
Blütenfarbe: orange
Blattfarbe: orange-grün
Höhe: 70–100 cm
Kategorie: Winterschutz bei starkem Frost

Name: *Lilium bulbiferum* | **Feuerlilie**
Blütenfarbe: leuchtend orange
Blattfarbe: kräftig grün
Höhe: 80–100 cm
Kategorie: winterharte Knolle

JUNI–AUGUST:

Name: *Hemerocallis* (diverse) z.B. ‹Frans Hals›, *H.* ‹High Glory› | **Taglilie**
Blütenfarbe: diverse, orange
Blattfarbe: kräftig grün
Höhe: 50–80 cm
Kategorie: Stauden

Name: *Potentilla* ‹William Rollison› **Fingerkraut**
Blütenfarbe: orange
Blattfarbe: kräftig grün
Höhe: 60 cm
Kategorie: Staude

JUNI–SEPTEMBER:

Name: *Viola x wittrockiana* ‹Universal Orange› | **Stiefmütterchen**
Blütenfarbe: gelb-orange
Blattfarbe: dunkelgrün
Höhe: 15–20 cm
Kategorie: zweijährig

JUNI–OKTOBER:

Name: *Eschscholtzia californica* **Kalifornischer Mohn**
Blütenfarbe: gelborange, rot
Höhe: 30 cm
Kategorie: einjährig

JULI–AUGUST:

Name: *Helianthemum* ‹Fire King› **Sonnenröschen**
Blütenfarbe: leuchtend orange
Blattfarbe: graugrün
Höhe: 30–40 cm
Kategorie: bedingt winterharter Kleinstrauch

JULI–SEPTEMBER:

Name: *Antirrhinum* ‹Jamaican Mist› **Löwenmäulchen**
Blütenfarbe: Pastelltöne, gemischt
Blattfarbe: grün
Höhe: 40–50 cm
Kategorie: einjährig

Name: *Crocosmia x crocosmiiflora* ‹Lucifer› **Montbretie**
Blütenfarbe: leuchtend dunkelorange
Höhe: 90 cm
Kategorie: winterhart, Schutz in kalten Wintern

Name: *Eremurus x isabellinus* ‹Shelford›-Hybriden | **Steppenkerze**
Blütenfarbe: gelborange
Höhe: 100–130 cm
Kategorie: Staude

Name: *Geum coccineum* ‹Werner Arends› **Nelkenwurz**
Blütenfarbe: orange
Blattfarbe: hellgrün
Höhe: 30 cm
Kategorie: Staude

Name: *Gladiolus* ‹Peter Pears› | **Gladiole**
Blütenfarbe: lachsorange
Blattfarbe: hellgrün
Höhe: 90–120 cm
Kategorie: nicht winterharte Zwiebelpflanze

Name: *Leonotis* | **Löwenohr**
Blütenfarbe: orange
Blattfarbe: grün
Höhe: 120–160 cm
Kategorie: bedingt winterhart, einjährig

Name: *Tithonia rotundifolia* ‹Torch› **Mexikanische Sonnenblume**
Blütenfarbe: leuchtend orange
Blattfarbe: kräftig grün
Höhe: 100 cm
Kategorie: einjährig

JULI–OKTOBER:

Name: *Achillea* ‹Lachsschönheit› (‹Salmon Beauty›) | **Schafgarbe**
Blütenfarbe: lachsorange
Blattfarbe: graugrün
Höhe: 45–60 cm
Kategorie: Staude

Name: *Arctotis* | **Bärenohr**

Name: *Calendula* | **Ringelblume**
Blütenfarbe: orange
Blattfarbe: hellgrün
Höhe: 45–60 cm
Kategorie: einjährig

Name: *Canna* | **Blumenrohr**
Blütenfarbe: gelb-orangerot
Blattfarbe: hellgrün, bronzerot
Kategorie: nicht winterharte Rhizompflanze

Name: *Cosmos sulphureus* ‹Polidor› **Kosmee**
Blütenfarbe: gelb-orangerot
Höhe: 60–80 cm
Kategorie: einjährig

Name: *Gazania* | **Gazanie**
Blütenfarbe: gelborange
Höhe: 20–30 cm
Kategorie: einjährig

Name: *Helenium* diverse | **Sonnenbraut**
Blütenfarbe: gelborange
Blattfarbe: hellgrün
Höhe: 50–130 cm
Kategorie: Staude

Name: *Zinnia elegans* | **Zinnie**
Blütenfarbe: gelborange
Höhe: 60–80 cm
Kategorie: einjährig

JULI BIS ZUM FROST:

Name: *Tropaeolum majus* ‹Alaska›-Hybriden | **Kapuzinerkresse**
Blütenfarbe: orange-dunkelorange
Blattfarbe: kräftig grün
Höhe: rankend
Kategorie: einjährig

SONSTIGE:

Name: *Dahlia* ‹Gardenfestival›, ‹Ludwig Helfert›, ‹Peaches and cream›, ‹Yelno Harmony›, ‹Autumn Fairy›, ‹Esther› | **Dahlie**

ROSEN:

Name: **Kordes:** ‹Westerland›, ‹Gebrüder Grimm›,‹Mandarin›, ‹Orange Jewel›; **Delbard:** ‹Cezanne›, ‹Cisterciens›, ‹Monet›, ‹France libre›; **Harkness:** ‹Pat James›, ‹Rosemary Harkness›; **Austin:** ‹Summer Song›, ‹Lady Emma Hamilton›, ‹Pat Austin›, ‹Grace›

Pflanzenempfehlungen zu Grau – und immer wieder grau, Seiten 82–83

BLÄTTER SILBRIGGRAU:

Name: *Achillea* ‹Moonshine› **Garbe, Schafgarbe**
Blütenfarbe: hellschwefelgelb
Höhe: 60 cm
Kategorie: Staude

Name: *Agastache* ‹Apricot Sprite› **Duftnessel**
Blütenfarbe: orange
Höhe: 40-60 cm
Kategorie: einjährig, auch ausdauernd

Name: *Artemisia* ‹Powis castle› | **Beifuß**
Höhe: 40-50 cm
Kategorie: frostempfindliche Staude

Name: *Crambe maritima* | **Meerkohl**
Blütenfarbe: weiß
Höhe: 80 cm
Kategorie: Staude

Name: *Cynara scolymus* | **Artischocke**
Blütenfarbe: violett
Höhe: 100-120 cm
Kategorie: Staude

Name: *Dianthus* ‹Old fashioned Pinks› **Pfingstnelke**
Blütenfarbe: von weiß bis magenta
Höhe: 45 cm
Kategorie: Staude

Name: *Glaucium flavum* **Gelber Hornmohn**
Blütenfarbe: gelb, orange
Höhe: 50 cm
Kategorie: zweijährig bis ausdauernd

Name: *Helichrysum italycum* | **Currykraut**
Blütenfarbe: gelb
Höhe: 30-60 cm
Kategorie: Staude

Name: *Hippophae* | **Sanddorn**
Blütenfarbe: leuchtend orange
Höhe: bis 600 cm (Schnitt)
Kategorie: Strauch/Baum

Name: *Santolina chamaecyparissus* **Heiligenkraut, Zypressenkraut**
Blütenfarbe: gelb
Höhe: 50 cm
Kategorie: Kleinststrauch, bedingt frosthart Staude

Name: *Stachys byzantina* **Wollziest, Eselsohren**
Blütenfarbe: dunkelrosa
Höhe: 30-50 cm
Kategorie: Staude

BLÄTTER SILBERGRAU:

Name: *Onopordum acanthium* **Eselsdistel**
Blütenfarbe: violett
Höhe: 150-250 cm
Kategorie: zweijährig bis ausdauernd

Name: *Papaver somniferum (diverse Sorten)* **Schlafmohn**
Blütenfarbe: diverse
Höhe: 60-100 cm
Kategorie: einjährig

Name: *Perowskia atriplicifolia* **Perowskia**
Blütenfarbe: lavendelblau
Höhe: 100-150 cm
Kategorie: Halbstrauch

Name: *Pyrus salicifolia* **Weidenblättrige Birne**
Höhe: bis 800 cm (Schnitt!)
Kategorie: Baum

GLÄTTER GRAUGRÜN

Name: *Calamintha nepeta* ‹White Cloud› **Steinquendel**
Blütenfarbe: weiß
Höhe: 40-60 cm
Kategorie: Staude

Name: *Caryopteris* **Bartblume**
Blütenfarbe: leuchtend blau
Höhe: 100 cm
Kategorie: Halbstrauch

Name: *Echinops bannaticus* **Kugeldistel**
Blütenfarbe: violettblau
Höhe: 100 cm
Kategorie: Staude

Name: *Eschscholzia californica* **Eschscholzie, Kalifornischer Mohn**
Blütenfarbe: gelb-orange, rot, bronzerot
Höhe: 30 cm
Kategorie: einjährig

Name: *Lavandula angustifolia* **Lavendel**
Blütenfarbe: blau
Höhe: 30-90 cm
Kategorie: Staude

Name: *Macleya cordata* | **Federmohn**
Blütenfarbe: cremefarben, rosaorange
Blattfarbe: graugrün, rötlich schimmernd
Höhe: 150-200 cm
Kategorie: Staude

Name: *Nepeta x faassenii* ‹Six Hills Giant› **Katzenminze**
Blütenfarbe: blau
Höhe: 50 cm
Kategorie: Staude

Name: *Ruta graveolens* ‹Jackman's Blue› **Weinraute**
Blütenfarbe: gelb
Höhe: 60 cm
Kategorie: Staude

Name: *Salvia* (diverse Sorten) | **Salbei**
Blütenfarbe: weiß bis blau, rosa
Blattfarbe: auch grau-purpur, silbergrau
Höhe: diverse
Kategorie: Staude und einjährig

Name: *Sedum spectabile*
Fetthenne, Mauerpfeffer
Blütenfarbe: rosa
Höhe: 50 cm
Kategorie: Staude

Name: *Thalictrum aquilegiifolium*
Wiesenraute, Amstelraute
Blütenfarbe: rosa, hellviolett, grünlich weiß
Höhe: 90-120 cm
Kategorie: Staude

BLÄTTER BLAUGRAU:

Name: *Eryngium alpinum* | **Edeldistel**
Blütenfarbe: blau
Höhe: 80–100 cm
Kategorie: Staude

Name: *Hosta* ‹Halcyon› | **Funkie**
Blütenfarbe: hellviolett
Höhe: 30–40 cm
Kategorie: Staude

Name: *Leymus arenarius* | **Strandroggen**
Blütenfarbe: helle Ähren
Höhe: 60–120 cm
Kategorie: winterharte Gräser

SONSTIGE:

Name: *Artemisia ludoviciana* ‹Silver Oueen›
Beifuß
Blütenfarbe: grauweiß
Blattfarbe: weiß-silbriggrau
Höhe: 100–130 cm
Kategorie: Staude

Name: *Artemisia schmidtiana* ‹Nana›
Beifuß
Blütenfarbe: weiß
Blattfarbe: silbern
Höhe: 8–10 cm
Kategorie: Staude

Name: *Euphorbia glauca*
Wolfsmilch
Blattfarbe: blaugrün
Höhe: 60 cm
Kategorie: Staude

Name: *Festuca glauca* ‹Elijah Blue›
Blauschwingel
Blattfarbe: silberblau
Höhe: 30 cm
Kategorie: winterharte Gräser

Name: *Yucca filamentosa*
Palmlilie
Blütenfarbe: cremeweiß
Blattfarbe: blau-graugrün
Höhe: 100–150cm
Kategorie: Staude

Pflanzenempfehlungen zu Die Blumen des Bösen, Seite 84-85

FEBRUAR–MÄRZ:

Name: *Helleborus orientalis* ‹Purpurascens› | **Christrose**
Blütenfarbe: purpurschwarz
Blattfarbe: dunkelgrün
Höhe: 30–40 cm
Kategorie: Staude

APRIL:

Name: *Tulipa* ‹Black Hero›, *T.* ‹Queen of Night›, *T.* ‹Black Parrot› | **Tulpe**
Blütenfarbe: purpurschwarz
Blattfarbe: grün
Höhe: 40–50 cm
Kategorie: winterharte Zwiebel

APRIL–MAI:

Name: *Fritillaria* ‹Montana›
Schachblume
Blütenfarbe: braun-schwarz gewürfelt
Blattfarbe: graugrün
Höhe: 30–40 cm
Kategorie: winterharte Zwiebelpflanze

Name: *Fritillaria* ‹Persica› | **Fritillarie**
Blütenfarbe: purpurschwarz
Höhe: 80–100 cm
Kategorie: winterharte Zwiebelpflanze

Name: *Fritillaria camschatcensis*
Schachblume
Blütenfarbe: purpurschwarz
Blattfarbe: grün
Höhe: 20–30 cm
Kategorie: winterharte Zwiebelpflanze

MAI–JUNI:

Name: *Dianthus barbatus* ‹Sooty›
Bartnelke
Blütenfarbe: tizianrot-schwarz
Blattfarbe: rötlichschwarz
Höhe: 40–60 cm
Kategorie: zweijährig bis ausdauernd

Name: *Euphorbia dulcis* ‹Chameleon›
Wolfsmilch
Blütenfarbe: grün, purpurfarben
Blattfarbe: purpurschwarz
Höhe: 30 cm
Kategorie: Staude

Name: *Geranium phaeum* ‹Chocolate Chip›
Storchenschnabel
Blütenfarbe: purpurschwarz
Blattfarbe: grün
Höhe: 40–60 cm
Kategorie: Staude

Name: *Geranium phaeum* ‹Samobor›
Storchenschnabel
Blütenfarbe: purpurschwarz
Blattfarbe: grünschwarz
Höhe: 40–60 cm
Kategorie: Staude

Name: *Iris* ‹Black Tie Affair›, *I.* ‹Hello Darkness› | **Iris, Schwertlilie**
Blütenfarbe: violettschwarz
Blattfarbe: graugrün
Höhe: 80–90 cm
Kategorie: winterharte Rhizomstaude

MAI–JULI:

Name: *Viola* ‹Molly Sanderson›
Schwarzes Veilchen
Blütenfarbe: tief purpurschwarz
Blattfarbe: dunkelgrün
Höhe: 20 cm
Kategorie: zweijährig bis ausdauernd

JUNI:

Name: *Ipomea batatas* | **Süßkartoffel**
Blütenfarbe: hellviolett
Blattfarbe: braunschwarz
Höhe: 20–30 cm
Kategorie: einjährig

Name: *Lilium-Asiatic* Hybrid ‹Ebony›
Lilie
Blütenfarbe: tief tizianrot-schwarz
Blattfarbe: kräftig grün
Höhe: 70–100 cm
Kategorie: winterharte Knollenpflanze

Name: *Sambucus nigra* ‹Black Beauty›
Schwarzer Holunder
Blütenfarbe: dunkelrosa
Blattfarbe: purpurschwarz
Höhe: 200–300 cm
Kategorie: Strauch

JUNI–JULI:

Name: *Aquilegia vulgaris* var. *stellata* ‹Black Barlow› | **Akelei**
Blütenfarbe: purpurschwarz
Blattfarbe: graugrün
Höhe: 60–80 cm
Kategorie: Staude

Name: *Hemerocallis* ‹Paint it Black›, *H.* ‹Night Wings› | **Taglilie**
Blütenfarbe: tizianrot-schwarz
Blattfarbe: grün
Höhe: 60–90 cm
Kategorie: Staude

Name: *Ophiopogon planiscapus* ‹Nigrescens› | **Schlangenbart**
Blütenfarbe: hellviolett
Blattfarbe: blauschwarz
Höhe: 20 cm
Kategorie: winterharte Gräser

JUNI–AUGUST:

Name: *Centaurea cyanus* ‹Black Boy›
Kornblume
Blütenfarbe: purpurschwarz
Blattfarbe: graugrün
Höhe: 50–60 cm
Kategorie: einjährig

Name: *Rudbeckia occidentalis* ‹Black Beauty›, *R.* ‹Green Wizzard› Rudbeckia
Sonnenhut
Blütenfarbe: dunkle Blütenköpfe
Höhe: 100–120 cm
Kategorie: Staude

JUNI–SEPTEMBER:

Name: *Foeniculum vulgare* ‹Purpurascens›
Purpurfenchel, Bronzefenchel
Blütenfarbe: dunkelgelb
Blattfarbe: purpurschwarz beim Austrieb
Höhe: 100–140 cm
Kategorie: Staude

Name: *Melica altissima* ‹Atropurpurea›
Hohes Perlgras
Blütenfarbe: purpun-schwarz
Blattfarbe: grün
Höhe: 20–30 cm
Kategorie: winterharte Gräser

Rosen: *Rosa* ‹Black Baccara›, *R.* ‹Barkarole›, *R.* ‹Tuscany Superb› *R.* ‹Astrid Gräfin Hardenberg›

JUNI–OKTOBER:

Name: *Lathyrus odorata* ‹Midnight›
Duftwicke
Blütenfarbe: bräunlich violett-schwarz
Blattfarbe: graugrün
Höhe: rankend
Kategorie: einjährig

JULI–AUGUST:

Name: *Zantedeschia* ‹Schwarzvalder›
Kalla
Blütenfarbe: tief braunschwarz
Höhe: 40–60 cm
Kategorie: nicht winterharte Knollengrünstaude

JULI–SEPTEMBER:

Name: *Alcea rosea* ‹Nigra›
Stockrose, Stockmalve
Blütenfarbe: bräunlich schwarz
Blattfarbe: hellgrün
Höhe: 150–200 cm
Kategorie: zweijährig bis ausdauernd

Name: *Antirrhinum majus* ‹Black Prince›
Löwenmäulchen
Blütenfarbe: tizianrot-schwarz
Blattfarbe: rötlich schwarz
Höhe: 60–80 cm
Kategorie: einjährig

Name: *Molinia cerulea* ‹Moorhexe›
Pfeifengras
Blütenfarbe: braun-schwarz
Blattfarbe: dunkelgrün
Höhe: 40–50 cm
Kategorie: winterharte Gräser

Name: *Ricinus communis* ‹Carmencita›
Rizinus, Wunderbaum
Blütenfarbe: kräftig rot
Blattfarbe: purpurfarben, braunschwarz
Höhe: 100–150 cm
Kategorie: einjährig

Name: *Tropaeolum* ‹Black Velvet›
Kapuzinerkresse
Blütenfarbe: tizianrot-schwarz
Blattfarbe: grün, rötlich-grün
Höhe: 30 cm
Kategorie: einjährig

JULI–OKTOBER:

Name: *Cosmos atrosanguineus*
Schwarze Kosmee, Schokoladenblume
Blütenfarbe: tizianrot-schwarz
Blattfarbe: kräftig grün
Höhe: 60–70 cm
Kategorie: nicht winterharte Knollenpflanze

Name: *Dahlia* ‹Arabian Night›, *D.* ‹Natal›
Dahlie
Blütenfarbe: tizianrot-schwarz
Blattfarbe: grün
Höhe: 90 cm
Kategorie: nicht winterharte Knollenpflanze

Name: *Sanguisorba menziesii*
Wiesenknöpfchen
Blütenfarbe: tizianrot
Blattfarbe: grün
Höhe: 100–130 cm
Kategorie: Staude

Name: *Scabiosa atropurpurea* ‹Chile Black› | **Skabiose**
Blütenfarbe: tizianrot-schwarz mit weiß
Blattfarbe: grün
Höhe: 70–90 cm
Kategorie: Staude, Winterschutz!

AUGUST:

Name: *Veratrum nigrum*
Germer
Blütenfarbe: braun-schwarz
Blattfarbe: dunkelgrün
Höhe: 100–120 cm
Kategorie: Rhizomstaude

AUGUST–SEPTEMBER:

Name: *Angelica* ‹Gigas›
Engelwurz
Blütenfarbe: tizianrot-schwarz
Blattfarbe: rötlich, schwarz-rötlich, grün
Höhe: 120–150 cm
Kategorie: Staude

Name: *Sedum telephium* ‹Mohrchen›
Fetthenne
Blütenfarbe: braunschwarz, roter Stiel
Blattfarbe: tiefrot-schwarz
Höhe: 50–60 cm
Kategorie: Staude

SONSTIGE:

Name: *Aeonium arboreum* ‹Zwartkop›
Aeonium
Blütenfarbe: rötlich schwarz
Höhe: 60 cm
Kategorie: nicht winterharte Sukkulenten

Name: *Phormium tenax* ‹Coffee o. Chocolate›
Neuseeländer Flachs
Blütenfarbe: braunschwarz
Höhe: 40–70 cm
Kategorie: nicht winterharte Staude

Name: *Phyllostachys nigra*
Schwarzrohrbambus
Blattfarbe: schwarzer Stamm, grünes Blatt
Höhe: 200–300 cm
Kategorie: Frostschutz bei kalten Wintern

RUND UM DIE ROSE

David Austin Roses, GB
Tel.: ++441902376371
www.davidaustinroses.com
Diverse Rosen

Petra Bergler-Fischer
Tel.: ++49(0)93961554
www.Bergler-fischer.de
Rosendelikatessen

Delbard-Rosen
Tel.: ++49(0)6205953246
www.lacon-rosen.de
Rosen

Richard Huber AG, Schweiz
Tel.: ++41(0)566242424
www.rosen-huber.ch

Kordes-Rosen
Tel.: ++49(0)412148700
www.kordes-rosen.com
Rosen

Vierländer Rosenhof
Tel.: ++49(0)4072370763
www.vierlaender-rosenhof.de
Rosen, Iris, Maiglöckchen

weitere Rosen-Bezugsquellen über
www.welt-der-rosen.de/links/Bezugsquellen

BLUMENZWIEBELN UND KNOLLEN-PFLANZEN

Albrecht Hoch
Tel.: ++49(0)308026251
www.albrechthoch.de
Blumenzwiebeln, Lilien, div.

H. W. Hyde & Son
Tel.: ++44(0)1189340011
www.hwhyde.co.uk
Blumenzwiebeln, Lilien

Küpper Blumenzwiebeln
Tel.: ++49(0)565180050
www.kuepper-bulbs.de
Blumenzwiebeln, Dahlien, Lilien etc.

Bruno Nebelung
Tel.: ++49(0)2582/670-0
www.kiepenkerl.de
Blumenzwiebeln, Saatgut

Kwekerij Peter Nijssen
Tel.: ++31(0)235471056
www.pc-nijssen.nl
Blumenzwiebeln

Kwekerij Rita van der Zalm
Tel.: ++31(0)252372193
www.ritavanderzalm.nl
Blumenzwiebeln

Verberghe
Tel.: ++31(0)204973127
www.verberghe.nl
Blumenzwiebeln, Frühjahrs-, Sommer- und Herbstblüher, Lilien, Dahlien etc.

SAATGUT

N. L. Chrestensen
Tel.: ++49(0)36122450
www.gartenversandhaus.de
Saatgut

Samen Jansen
Tel.: ++31(0)315651235
info@jansenzaden.nl
Saatgut

Samen Mauser AG, Schweiz
Tel.: ++41(0)522342525
www.samen-mauser.ch
Saatgut

Bruno Nebelung
Tel.: ++49(0)2582/670-0
www.kiepenkerl.de
Blumenzwiebeln, Saatgut

Sarah Raven
Tel.: ++44(0)8450504849
www.thecuttinggarden.com
Saatgut

Thompson & Morgan
Tel.: ++49(0)4061193993
www.thompson-morgan.com
Saatgut

KRÄUTER UND STAUDEN

Arends-Maubach
Tel.: ++49(0)202464610
www.arends-maubach.de
Stauden, Gartenplanung, Gartenkurse

Cotswold Garden Flowers
Tel.: ++44(0)1386833849
www.cgf.net
Große Auswahl Stauden, Neuzüchtungen

Gärtnerei Gaissmayer
Tel.: ++49(0)73037258
www.gaissmayer.de
Stauden, Kräuter, div.

Staudengärtnerei
Gräfin von Zeppelin
Tel.: ++49(0)763469716
www.graefin-v-zeppelin.com
Iris, Mohn, Hemerocallis, div.

grasland-Frank Scholten
Tel.: ++49(0)2171732743
www.gras-land.de
Kräuter, Stauden, Gräser, Wildstauden

Kaiserstühler Staudenhof
Tel.: ++49(0)766394640
www.menton-stauden.de
Stauden, Gräser, Kräuter

Jürgen Peters
Tel.: ++49(0)41223312
www.alpine-peters.de
Stauden, Alpine Raritäten, Campanula

Sarastro-Stauden
Tel.: ++43(0)77518424
www.sarastro-stauden.com
Stauden

PFLANZENSPEZIALITÄTEN

Cayeux S. A.
Tel.: ++33(0)238670508
www.iris-cayeux.com
Iris

Clematis Westphal
Tel.: ++49(0)410174104
www.clematis-westphal.de
Clematis

Oudolf Nursery, NL
Tel.: ++31(0)314381120
www.oudolf.com
Gräser, Präriestauden, div

Karen Platt
www.karenplatt.co.uk
«Schwarze Pflanzen»

Peter und Bärbel zur Linden
Tel.: ++49(0)54025618
www.zur-linden-stauden.de
Phlox, Helenium, div. eigene Züchtungen

SONSTIGES

Die Torffrau
Tel.: ++49(0)577794940
www.torffrau.de
Kiefernrindenschrot, Mulch etc.

Manufaktur Christel Lechner
58456 Witten
Tel.: ++49(0)230275022
www.christel-lechner.de

BKN Strobel GmbH
Meilland Rosen
Tel.: ++49(0)410312120
www.bkn.de

GrünPlanung
Ulrich Timm
Landschaftsarchitekt BDLA
22087 Hamburg

Beckmann Baustoffe
Blaue Glassteine
Segeberger Chaussee 310
22851 Norderstedt

«Vier Kleine Gärten am Wasser»
Leonhards www.leonhards.de
Forster www.forster-garten.de
Dukat www.dukat.de
Meyer zu Hörste
www.meyer-zu-hoerste.de
BGL www.galabau.de

Die Gärten von Appeltern
Niederlande
www.appeltern.nl

Chelsea Flower Show
www.rhs.org.uk/chelsea

Literatur

Barth, U.
Traumhaft schöne Wassergärten
Callwey, 2005

Bergler Fischer, Petra
Rosen à la Carte
Rosenrezepte
Die Delikatessen Manufaktur, 2006

Bradley-Hole, Christopher
Minimalismus in der Gartenkunst
Knesebeck, 2006

Borchardt, Rudolf
Der leidenschaftliche Gärtner
Greno, 1987

Druse, Ken
Making More Plants
The Science, Art and Joy of Propagation
Clarkson Potter, New York, 2000

Erhardt, A. u. W.
Pflanze gesucht?
Einkaufsführer Deutschland, Österreich, Schweiz
Ulmer, 2000

Foerster, Eva und Rostin, Gerhard (Hrsg.)
Karl Foerster
Ein Garten der Erinnerung
Leben und Wirken von Karl Foerster
4. überarbeitete Auflage, 2004

Goethe, J. W. v.
Die Farblehre Goethes
Textausgabe
ARS momentum, 2006

Heller, André und Kospach, Julia
Augenweide – Der Garten der Gärten
DTV, 2003

Heller, Eva
Wie Farben wirken
Rororo, 2005

Kingsbury, Noel
Traumgärten
DVA, 2005

Lloyd, Christopher
Faszination Farbe im Garten
Callwey, 2002

Maurières, Arnaud und Ossart, Eric
Der Mittelalterliche Garten
Christian Verlag, 2003

Platt Karen
Black Magic and purple Passion
Black Tulip Publishing

Proust, Marcel
Auf der Suche nach der verlorenen Zeit
Combray
Suhrkamp

Stevens, David
Das Geheimnis kleiner Gärten
DVA, 2004

Gartenhandbuch: Sommerblumen
Einjährige und Zweijährige
Dorling Kindersley, 2005

Pope, Nori
Gärten in Weiß, Gelb, Rot oder Blau
Callwey, 1999

Moreland, John
Die Gewinner der Chelsea Flower Show
Preisgekrönte Gärten
Callwey, 2000

IMPRESSUM

Streitfeldstraße 35, 81673 München
www.callwey.de
E-mail: buch@callwey.de

Die Deutsche Nationalbibliothek verzeichnet diese Publikation in der Deutschen Nationalbibliografie; detaillierte bibliografische Daten sind im Internet über <http://dnb.ddb.de> abrufbar.

ISBN 978-3-7667-1699-6

Visuelles Konzept: fuhrer visuelle gestaltung, Wien

Lektorat: Redaktionsbüro Wolfgang Funke, Augsburg
Umschlaggestaltung: independent mediendesign, München
Druck und Bindung: Fotolito Longo, Bozen

Printed in Italy